Admirar-se com os Pequenos Milagres de Cada Dia

Dados Internacionais de Catalogação na Publicação (CIP)
(Câmara Brasileira do Livro, SP, Brasil)

Grün, Anselm
  Admirar-se com os pequenos milagres de cada dia :
o segredo de uma vida feliz / Anselm Grün ; tradução
Vilmar Schneider. – 1. ed. – Petrópolis, RJ : Editora Vozes, 2021.

  Título original: Staunen
  ISBN 978-65-5713-153-4

  1. Cristianismo 2. Felicidade 3. Milagres 4. Vida espiritual
I. Título.

21-60765   CDD-248.32

Índices para catálogo sistemático:
1. Vida espiritual   248.32

Aline Graziele Benitez – Bibliotecária – CRB-1/3129

ANSELM GRÜN

Admirar-se com os Pequenos Milagres de Cada Dia

O segredo de uma vida feliz

Tradução de Vilmar Schneider

EDITORA
VOZES

Petrópolis

© 2018 Verlag Herder GmbH, Freiburg im Breisgau.

Tradução realizada a partir do original em alemão intitulado
Staunen. Die Wunder im Alltag entdecken editado por Rudolf Walter.

Direitos de publicação em língua portuguesa – Brasil:
2021, Editora Vozes Ltda.
Rua Frei Luís, 100
25689-900 Petrópolis, RJ
www.vozes.com.br
Brasil

Todos os direitos reservados. Nenhuma parte desta obra poderá ser reproduzida ou transmitida por qualquer forma e/ou quaisquer meios (eletrônico ou mecânico, incluindo fotocópia e gravação) ou arquivada em qualquer sistema ou banco de dados sem permissão escrita da editora.

CONSELHO EDITORIAL

Diretor
Gilberto Gonçalves Garcia

Editores
Aline dos Santos Carneiro
Edrian Josué Pasini
Marilac Loraine Oleniki
Welder Lancieri Marchini

Conselheiros
Francisco Morás
Ludovico Garmus
Teobaldo Heidemann
Volney J. Berkenbrock

Secretário executivo
João Batista Kreuch

Editoração: Maria da Conceição B. de Sousa
Diagramação: Sheilandre Desenv. Gráfico
Revisão gráfica: Anna Carolina Guimarães
Capa: WM design

ISBN 978-65-5713-153-4 (Brasil)
ISBN 978-3-451-00657-9 (Alemanha)

Editado conforme o novo acordo ortográfico.

Este livro foi composto e impresso pela Editora Vozes Ltda.

Sumário

Tempo livre, atenção e silêncio como veredas para uma arte de viver espiritualmente – Introdução, 7

1 Tudo tem seu tempo, tudo tem seu lugar, 15

2 Tudo tem um significado – Do cotidiano como exercício de atenção, 45

3 Do maravilhoso no óbvio – O que dá sentido à vida, 78

4 O brilho das coisas – Um novo olhar para o habitual, 102

5 Do encanto da natureza – Integrado em algo maior, 137

6 Da riqueza da relação – Em conexão com os outros, 167

Estar presente; simplesmente viver – Final, 189

Referências, 193

Índice, 195

Tempo livre, atenção e silêncio como veredas para uma arte de viver espiritualmente
Introdução

Como nossa vida dá certo? O que entendemos por verdadeira felicidade? Poder, dinheiro, propriedade, carreira, popularidade, consumo e o mínimo de tédio possível? O objetivo de toda verdadeira arte de viver é levar uma vida feliz e plena de sentido. Filósofos de todas as épocas – de Platão a Epicuro, Epíteto ou Agostinho até os filósofos atuais – refletiram sobre como isso sucede. A busca pela melhor maneira de levar uma vida boa e feliz no cotidiano nunca deixou de existir.

> Os verdadeiros "artífices da vida" não são aqueles que sempre surfam na superfície, que nada levam totalmente a sério e que só querem se divertir.

Será que o mundo moderno torna mais fácil ter êxito na vida? Com efeito, a técnica facilita nosso cotidiano em muitos aspectos; mas também as exigências e a pressão de fora aumentaram. Temos acesso a conhecimento quase ilimitado – mas também ao que é realmente importante? A propaganda nos convida a consumir cada vez mais. Porém, de que realmente precisamos? O indivíduo dispõe, atualmente, de incontáveis opções. Isso significa, no entanto, também o seguinte: Todos os dias, somos submetidos ao estresse da tomada de decisões, pois, em cada escolha que fazemos, excluímos outras possibilidades. Podemos vivenciar muitas coisas. Mas o que é realmente essencial? O fato de que a felicidade parece estar ao nosso alcance somente nos coloca sob pressão: Como sou visto? O que os outros pensam de mim? Conto também com a devida consideração? E muitos estão cheios de inquietude, pois sempre querem alcançar alguma coisa. Não passam do ego para o si-mesmo.

Qual é, porém, o caminho para a felicidade também hoje? Como encontrar nosso centro interior? Como alcançar a quietude? Hoje, muitas pessoas querem alcançar a felicidade aqui e agora, querem comprá-la ou impô-la através de métodos psicológicos. No entanto, quanto mais a pessoa se esforça para ser feliz, mais intensamente busca incluir toda a felicidade nesta vida como "a derradeira oportunidade" (Marianne Gronemeyer), tanto menos feliz ela é. Produtos de consumo não geram automaticamente a satisfação; e um fim de semana de bem-estar, ainda que num hotel luxuoso e caro, não garante o que se espera. A desesperada busca pela felicidade não leva à vida, mas ao esgotamento. Os verdadeiros "artífices da vida" tampouco são aqueles que sempre surfam na superfície, que nada levam totalmente a sério e que apenas querem se divertir.

Será que a espiritualidade pode ser um caminho para uma vida bem-sucedida? E o que significa espiritualidade em um mundo que oferece e disponibiliza tantas coisas, mas que também nos coloca exigências cada vez mais adensadas e em que tudo deve "ter um retorno", tudo tem que ter uma utilidade?

Na minha opinião, espiritualidade significa, hoje, sobretudo, criar um espaço de liberdade em que podemos respirar livremente. Paulo diz: "Onde está o Espírito do Senhor há liberdade" (2Cor 3,17). Espiritualidade significa dar lugar para o Espírito e extrair dele a força e a firmeza para a própria vida. Dar lugar para o Espírito de Jesus significa, porém, criar um espaço livre em que, na situação de total integração técnica que caracteriza a existência moderna, conservamos nossa dignidade individual enquanto pessoa:

um espaço em que não somos controlados pelos outros, mas estamos inteiramente conosco.

A tradição cristã – consoante à filosofia grega e romana – nos convida repetidamente a fazer uma pausa e buscar esses espaços livres que não são determinados pelo ritmo frenético, pelo estresse e por todas as possíveis exigências. Denominamos de lazer a esse tempo livre em que não temos que produzir nada, a essa atitude de passividade e de quietude em que podemos refletir sobre as coisas essenciais da vida. Enquanto vejo as coisas, elas repercutem em mim e me revelam algo do que as torna importantes. Percebo-as e as deixo estar. E no espelho do mundo reconheço a mim mesmo. E somente se reconhecer a mim mesmo, lidarei bem com o mundo. E, desse modo, aproveitarei em mim uma fonte profunda de energia vital.

> **Na minha opinião, espiritualidade significa, hoje, sobretudo, criar um espaço de liberdade, no qual podemos respirar livremente.**

No termo grego para ócio/tempo livre, "*schole*", encontra-se "*echein*", que significa "fazer uma pausa". Portanto, é disso que se trata: fazer uma pausa para encontrar em nosso íntimo a atitude necessária para que a vida tenha êxito, para experimentar a liberdade que nos dá amparo em meio às turbulências do mundo.

Espiritualidade é, nesse sentido, um refúgio em que os interesses de fora não penetram. Nesse lugar, o âmago do ser humano permanece preservado, justamente mediante sua relação com a transcendência que o eleva para além do superficial. Espiritualidade cristã não é uma fuga do mundo, ao contrário. Ela quer guiar justamente em meio à vida e acolher, aprofundar e transformar a vida concreta com suas diversas relações, como a experimentamos dia após dia.

Admirar-se é um requisito para que a cada dia possa ter início algo novo em nós, para que deixemos a antiga e inflexível maneira de perceber e de viver. Admirar-se significa estar aberto para o novo e reconhecer o milagre no cotidiano. As crianças ainda sabem se envolver de coração aberto, viver inteiramente no momento, sem expectativas, sem intenções secundárias, sem preconceitos. Peter Schellenbaum descreve a admiração assim: "Tudo que é novo tem início com o milagre de uma revelação, mas uma revelação que não requer nenhum ato de fé, mas mera atenção".

O caminho para essa experiência é, portanto, o caminho da atenção. Ele é possível a partir de uma atitude de quietude e de tempo livre. Quando detectamos o verdadeiro no dia a dia normal, é justamente ali que tocamos o fundamento de todo ser. Quem vive nessa atitude de admiração tem seu cotidiano transformado.

O termo alemão *staunen* [admirar-se, espantar-se] origina-se de "olhar fixamente, estagnar, estremecer". Aquilo diante do que me detenho, admirado, me toca, me comove até o íntimo. Não me satisfaço com o superficial e, na admiração, me deixo levar para além de mim mesmo. Admirar-se tem sempre a ver com olhar. Olho para algo maravilhoso, algo que ainda não consigo entender. Fico maravilhado, e isso me leva a entender o mistério do que foi visto. Essa reflexão desemboca novamente numa atitude de se admirar e de se maravilhar. Não quero concebê-lo em conceitos, mas abro-me ao mistério, para que ele possa entrar em mim e me transformar.

O olhar atento para uma rosa revela que ela é mais do que uma planta; nela resplandece o mistério da beleza, do amor. Atividades corriqueiras se transformam em símbolo do mistério da nossa condição humana. Coisas comuns adquirem significado pleno quando as vemos em uma nova luz: ao vê-las nessa perspectiva, as coisas são mais do que parecem a um olhar desatento e superficial. Uma mesa ou um pão, bem como coisas que encontramos na natureza – como uma árvore ou uma flor –, podem abrir seu sentido para nós e, de repente, se tornar um símbolo e emitir um novo brilho. Tudo pode abrir para nós seu sentido mais profundo. Descobrimos esse encanto nas coisas cotidianas do mundo.

Quando, nesse contexto, menciono "encanto", não me refiro a algo mágico. Trata-se, antes, da redescoberta de uma dimensão essencial da nossa realidade. "O encantamento do mundo" – é assim que o historiador Jörg Lauster denomina sua grande *História cultural do cristianismo*. Ele define cultura como "excedente na vivência de mundo" e um "sentimento de mundo que é mais do que se instalar neste mundo" (LAUSTER, 13). Espiritualidade cristã é, pois, uma perspectiva que vê, nas coisas exteriores, resplandecer o mistério de Deus. "O cristianismo é a linguagem de um sentimento de mundo que entende o excedente como o resplandecer da presença divina no mundo; é, portanto, a linguagem de um contínuo encantamento do mundo" (LAUSTER, 13).

Tudo nos fala do mistério de nossa vida, que excede utilidade e propósito.

Nos dias atuais, ao redescobrirmos nosso próprio mundo, que vai além de utilidade e propósito, eficiência e racionalidade, também nossa fé se torna mais essencial e mais profunda. O mundo que consideramos com os olhos da admiração nos fala do mistério maravilhoso da nossa vida, que buscamos viver diante de Deus e com ele e nele.

Com isso nos aproximamos também da mensagem da Bíblia. Pois Jesus fala, muitas vezes, de coisas inteiramente terrenas: do semeador que semeia a semente, dos pássaros dos céus e dos lírios do campo, do comerciante que procura uma pérola preciosa, do joio no meio do trigo ou da maneira como as pessoas lidam com o dinheiro que lhes foi confiado. Ao falar das coisas deste mundo, refere-se, porém, simultaneamente a Deus. O que está em jogo para ele é como nossa vida com Deus pode dar certo. Tudo se torna permeável em vista dessa relação. Desse modo, ainda hoje posso identificar o lírio como imagem de meu anseio pela beleza pura e como inspiração da confiança em Deus e da despreocupação – ou, na imagem do grão de mostarda, posso redescobrir a força da promessa da vida florescente.

Nos evangelhos sinóticos, em Mateus, Marcos e Lucas, e sobretudo nas parábolas que as coisas terrenas, nosso agir no cotidiano e nossas relações se tornam transparentes: através de todas as coisas, aparece para nós a essência do Pai celestial. E, no Evangelho de João, Jesus fala em linguagem figurada de si mesmo. E, também nesse caso, as coisas terrenas se tornam imagem do mistério de Jesus Cristo, de seu significado para nós e de seu efeito sobre nós. Jesus diz, por exemplo, de si: "Eu sou a videira" (Jo 15,1). No grego, segue-se o adjetivo ("*he alethine*"): "Eu sou a videira, a verdadeira". Jesus quer enfatizar com essas palavras que ele representa em sua pessoa a verdade da videira. Vemos seguidamente apenas o exterior. No entanto, ao olharmos mais profundamente, reconhecemos também numa videira o mistério da ligação entre Jesus e seus discípulos e o mistério de sua fecundidade. Então reconhecemos nela também o mistério e a verdade de nossa própria vida. Verdade significa, pois, nesse caso: o véu que cobre tudo é retirado. E para nós se abre o mistério do ser: aquilo que está oculto por detrás de tudo, que está subjacente a tudo. Martin Heidegger traduz o termo grego por "*Unverborgenheit*" [desocultação]: O que está oculto se revela, resplandece para nós.

**Admirar-se: ver o mundo com novos olhos
e reconhecer a essência das coisas.**

É disso que se trata para mim também neste livro: reaprender a admiração. Ou seja, indagar as coisas e os afazeres cotidianos, aquilo que parece óbvio – bem como nossa relação com os outros ou nossa maneira de lidar com o tempo – quanto à sua verdade subjacente, quanto ao que está oculto em seu interior.

Se estamos em condições de fazer isso, tudo no mundo se converte em imagem do mistério de nossa vida. O encanto do divino repousa e resplandece em tudo. Nossa vida, nossa realidade se transformam.

Um ponto de vista desse tipo sempre existiu na tradição cristã. O Monge Evágrio Pôntico (345-399) diferencia, em sua teologia mística, duas formas de contemplação: "a contemplação do mundo das criaturas" e a "contemplação de Deus" (EVÁGRIO. *Prakticos*, 1). "Reino dos Céus" significa para ele a compreensão de que tudo é permeado pelo céu, que tudo é entremeado por Deus. A primeira forma de contemplação consiste em ver a natureza com olhos novos e reconhecer a essência das coisas. A contemplação do mundo reconhece em tudo o que encontramos na natureza um símbolo de algo mais profundo, um símbolo da presença de Deus e da nossa ligação com Deus. Porém, a condição para reconhecê-lo nas coisas da natureza é a pureza do coração: a liberdade interior do domínio das paixões e emoções, a clareza interior da alma.

O que Evágrio entende por reconhecer a essência de todas as coisas é descrito no capítulo 92 de seu *Prakticos*: "Um dos sábios daquele tempo encontrou o Santo Antônio e lhe perguntou: Como você pode se manter, ó Pai, privado de toda a consolação dos livros? Ele lhe respondeu: Meu livro, ó filósofo, é a natureza dos seres criados, e ele está sempre lá quando desejo me aprofundar na palavra de Deus".

Antônio, o eremita no deserto, lia o livro da natureza. Quando nós – como ele – lemos de forma contemplativa o livro da natureza, a natureza nos leva ao silêncio. O silêncio nos é dado. A floresta é silenciosa; o deserto é silencioso. Silêncio significa: Deixamos a natureza como ela é. Ela nos encontra como ser puro. Quando nos envolvemos com o silêncio, temos parte nesse ser puro. Isso nos torna silenciosos. E nesse silêncio experimentamos a essência de todo o ser, o fundamento do ser. Justamente na atualidade barulhenta em que, sempre e por toda a parte, algo atrai nossa atenção, o encontro com a natureza e a redescoberta do silêncio é, portanto, uma vereda essencial da espiritualidade. Essa espiritualidade oferece uma nova visão das coisas. Ela faz com que o aparentemente banal se torne transparente em vista de um contexto mais profundo. Ela dá ao cotidiano uma alma.

Não é só na tradição cristã que se encontra esse ponto de vista: Thich Nhat Hanh, o sábio budista do Vietnã, chega a conclusões e experiências semelhantes ao falar da atenção. E Karlfried

Graf Dürckheim, formado na espiritualidade oriental, citava repetidamente aos seus alunos uma antiga sentença japonesa: "Para que algo adquira um significado religioso, são necessárias apenas duas condições: ser simples e repetível" (DÜRCKHEIM. *Alltag als Übung* [O cotidiano como exercício], 17).

Estes aspectos fazem parte da essência da meditação: a simplicidade e a repetição. São as atividades que repetimos diariamente que podem se tornar rotina vazia – ou podem se tornar meditação, vereda que leva ao nosso próprio centro, que conduz à presença pura em que intuímos também o Deus presente. O que parece banal pode se abrir para uma realidade misteriosa. Depende de nós, de nossa atenção e de nossa disposição, envolver-nos com essa transformação.

Neste livro, quero considerar atividades e práticas que sempre se repetem no dia a dia, coisas bem simples, mas também a natureza ou certos locais em que somos particularmente tocados. Meus pensamentos querem ser um convite para vermos e fazermos, numa nova perspectiva, aquilo que fazemos e vivenciamos cotidianamente. Então, nossa vereda espiritual não será uma fuga diante da realidade de nossa vida. Será, antes, um caminho para vermos aquilo que vivenciamos e fazemos cotidianamente como imagem da nossa vereda interior e do mistério profundo que quer nos encontrar e tocar em tudo que existe.

Só há duas maneiras de viver.
Ou viver como se nada fosse milagre ou como se
tudo fosse milagre (Albert Einstein).

1
Tudo tem seu tempo, tudo tem seu lugar

A vida não tem só pontos altos, e a pessoa não vivencia só pontos baixos. Ambos fazem parte de nossa vida e moldam o ser humano que somos agora. Por isso, é importante fazer face tanto aos pontos altos como aos pontos baixos. Na Bíblia hebraica, no livro de Eclesiastes, o memorável poema sobre o tempo descreve essa compreensão. Eclesiastes, um professor que buscou articular a filosofia grega com a sabedoria judaica, está convencido de que nossa vida é condicionada por Deus, que tudo dispôs. É ele que nos dá o tempo, e nos dá diversas qualidades do tempo, enquanto vivemos: "Tempo de nascer e tempo de morrer; tempo de plantar e tempo de arrancar a planta" (Ecl 3,2). Em 14 pares de opostos, descreve-se o mistério do tempo. 14 é, no mundo antigo, o número da cura. Há 14 divindades de cura na Babilônia. Os cristãos adotaram esse conceito na figura dos 14 auxiliadores (ou santos auxiliadores). Ainda que, nessa compreensão, o tempo tenha qualidades muito antagônicas, a interação desses diferentes aspectos é algo salutar. Sempre que o ser humano se envolve com o que o tempo lhe oferece agora, essa atitude é, em última instância, salutar para ele, ainda que, no primeiro momento, pareça negativa.

Quando vivenciamos esses pontos altos, não devemos nos iludir e achar que tudo em nossa vida sempre dará certo. Muitas vezes, os pontos altos contêm um perigo. Eles podem levar a pessoa a criar ilusões sobre sua vida. Pode ser que, depois do ponto alto, venha um ponto baixo. Mas também pode ser que o voo nas alturas dure mais tempo. Nesse caso, devemos ser gratos. Mas devemos sempre saber que não conseguimos reter nada. Quando vem um ponto baixo, ele também pode nos levar para nossa própria profundeza. Uma pessoa só se torna sábia quando vê os pontos altos e baixos – que, de tempos em tempos, ela vivencia alternadamente – sempre também como um espelho dos altos e baixos em sua própria alma.

Muitas pessoas experimentam rupturas durante a vida: Rompe-se uma relação de longa data, perde-se o emprego e é preciso mudar para outra cidade. Ou uma doença repentina frustra planos definidos. A vida não se deixa planejar. Em meio a tantas incertezas e imprevistos, como encontrar, ainda assim, um nexo e um sentido em nossa vida? Como integrar num todo as coisas frágeis? Já Eclesiastes está convencido de que a nossa vida só tem êxito quando nos afastamos da ideia de que tudo sempre é perfeito, amável, bem-sucedido e feliz. Somente quando acolhemos os opostos que existem em nós e quando nos reconciliamos com o fato de que as experiências são contraditórias no tempo, alcançamos, apesar de toda fragilidade e contradição de nossa vida, uma reconciliação com nós mesmos e com a vida.

Há tempo de iniciar e tempo de terminar

Faz parte do mistério de nossa vida que ela tenha início com o nascimento e chegue ao fim com a morte. A vida não pode ser arbitrariamente acelerada nem definitivamente adiada. Além disso, cada momento que vivemos é novo. Ele significa um novo início, mas também termina algo. Esse iniciar e terminar sucede sem que façamos algo para isso. É uma estrutura básica da nossa existência, em que temos de nos inserir.

Porém, iniciar e terminar também são uma arte. Todos os dias podemos experimentar isto: quem inicia, aumenta sua força. E, quem chega a um bom final, adquire igualmente firmeza interior.

De algumas pessoas se diz: elas não conseguem começar nem terminar algo. Deixam tudo para depois, e não põem mãos à obra. Contam para alguém o que gostariam de fazer, mas não começam a fazê-lo. Programam uma reunião, mas ela não começa de verdade. Tudo é dito de modo confuso e hesitante; não se sabe se o que foi combinado é para valer, se uma decisão deve ser tomada ou se apenas se está conversando. Com frequência, essas pessoas tampouco conseguem encerrar a reunião. Quando eu mesmo tinha de conduzir reuniões, dava importância a começá-la bem e encerrá-la com uma comunicação clara. Uma boa estrutura contribui inclusive para uma cultura do diálogo e da convivência.

Algumas pessoas que gostam de protelar tudo tampouco conseguem, à noite, encerrar o que estão fazendo. Elas iniciam várias coisas, e assim não conseguem ir para a cama. Aí reclamam que têm coisas demais para fazer.

Quem inicia aumenta sua força, e quem chega a um bom final adquire igualmente firmeza interior.

Iniciar significa: eu assumo responsabilidade pela minha vida. Moldo-a ativamente e paro de lamentar que sou determinado pelas circunstâncias, pela minha educação ou pela minha predisposição. Posso sempre começar de novo. Às vezes, o conteúdo de minha vida talvez consista em um amontoado de sonhos de vida despedaçados. Mas também de fragmentos posso compor um novo recipiente. Esse não é mais tão perfeito como o antigo. Porém, talvez pareça mais criativo, colorido e vivaz. Há também quem fica parado diante do monte de pedras, que são o material de sua vida. O monte de pedras lhe parece algo caótico. Quando uma relação é rompida, quando a tarefa que até agora desempenhava não pôde ser bem encerrada, ainda não consigo descobrir nessas pedras a edificação que delas poderia resultar. Não vejo o fim. Mas é disso que se trata: ver conjuntamente o início e o fim, moldar a partir do início um final, realizar algo.

Dar início a algo requer coragem. Muitas pessoas têm medo, ficam inseguras diante do que poderia se desenvolver. No entanto, se refletirmos sobre o que realmente queremos, descobrimos também os recursos que temos em nós e que nos dão confiança: por exemplo, a experiência de que já reiniciamos várias vezes. Ou nossa disciplina que nos dá a força de suportar algo. Ou também nossa criatividade que, em cada início, nos permite moldar algo novo. Coragem e confiança conferem a força necessária para estabelecer um novo início.

Quem inicia adquire, inclusive, poder sobre sua vida, e também daí cresce força. Mas também quem consegue parar mostra que tem poder sobre sua própria vida. Também aí se trata de não ser dominado pelo que nos sucede. Em latim, diz-se: Em tudo que se faz, é preciso levar em mente o fim, *respice finem*. Isso se aplica a cada decisão, bem como à vida em geral. Quando tenho consciência de que minha infância, minha juventude, o acompanhamento atencioso de meus filhos, minha carreira profissional terão um fim, torno-me consciente da qualidade especial desse tempo.

Às vezes, o fim é definido de fora. Aí é bom entender e seguir o sinal do destino – ou o sinal de Deus. Quando estou de acordo com o fim, ainda que me seja imposto de fora, continuo a viver em paz. Quando me oponho ao fim, torno-me insatisfeito e amargo. E, já agora, em tudo que faço, pensar no fim, dá ao atual momento sua dignidade. A partir dessa consciência, viverei de maneira mais atenta e intensa.

A alegria tem seu tempo – A tristeza também precisa do seu tempo

Alegria e tristeza são sentimentos profundos que nos tocam intimamente e nos fazem viver. Essas emoções, ainda que contraditórias, estão estreitamente interligadas. Há um tempo de alegria. E devemos aproveitá-la ao máximo. Há pessoas que reprimem sua alegria. Não conseguem se alegrar de todo o coração. E quando se trata de se entristecer, tampouco se deixam envolver com a tristeza. Fojem da dor que está associada à tristeza. Não permitem essas emoções em si mesmas; admitem, no máximo, alusões a elas. Mas não se abrem para a emoção.

Jesus fez essa experiência com seus ouvintes. Ele acusa as pessoas de sua geração: "São semelhantes a meninos que ficam sentados na praça, gritando uns para os outros: Tocamos para vós a flauta e não dançastes, cantamos lamentações e não chorastes" (Lc 7,32). Essas pessoas não conseguiam se envolver com a alegria que Jesus lhes anunciara, nem com uma penitência rigorosa a que João Batista as exortara. Às vezes, as pessoas que não querem se envolver com suas emoções justificam seu comportamento com motivos racionais: Não conseguiriam se alegrar porque alguém ordenou, ou se entristecer porque alguém mandou. Mas isso é um pretexto. Na realidade, elas não se envolvem com o que está posto. Elas se separam de suas próprias emoções. Não querem sentir alegria intensa nem tristeza profunda. Preferem viver de forma desapaixonada. Mas isso também gera impotência. A vida se torna monótona; ela perde seu sabor. Somente quando nos entregamos à alegria e à tristeza, quando elas estão postas, vivemos intensamente. Somente então experimentamos o mistério da vida. Quando nos abrimos para as emoções, experimentamos, tanto na tristeza como na alegria, uma fonte de energia e vitalidade que nos faz bem.

> **Das pessoas que não têm emoções não provêm nenhuma vitalidade. Elas não põem nada em movimento. É preciso a emoção, que me põe em movimento.**

Alegria é reação a algo que deu certo, ou a algo que toca profundamente nosso coração. Na alegria nos abrimos para aquilo que nos deixa contentes. Não podemos simplesmente provocar alegria em nós. Mas a pessoa pode sim se decidir pela alegria. Posso decidir conscientemente me alegrar com a beleza ou com uma conversa. A alegria está em nós. É preciso apenas que a disposição, a fonte da alegria que está em nós, possa aumentar quando somos tocados de fora por algo belo ou gratificante. Ela amplia nosso coração e dá outro sabor à nossa vida. É salutar para toda nossa vida quando a alegria ocupa em nós o espaço que realmente lhe cabe. Afastamo-nos dessa fonte ao não admiti-la.

A tristeza também é uma forte emoção. Muitas pessoas saem do seu caminho. Mas a tristeza é uma capacidade para lidar com perdas, para despedir-se de uma pessoa amada. Quem não utiliza essa capacidade, porque ela dói, cairá em depressão. A depressão é, muitas vezes, tristeza ou luto reprimidos. No luto, não se trata apenas de me despedir de pessoas amadas, mas também de me despedir de ilusões que criei sobre mim mesmo. Quando lamento a minha própria mediocridade, posso dizer sim para minha vida assim como é. E, então, em meio ao lamento, experimento também paz e alegria interiores e tenho uma noção da felicidade. Contudo, muitos não lamentam sua situação. Lamentam suas ilusões e, com isso, privam-se da energia de que necessitam no momento atual. Quem lamenta desse modo, fica preso ao passado. Quem na tristeza, porém, despede-se do passado, é capaz de viver inteiramente no momento atual.

Rir e chorar têm o seu lugar na vida

O dito popular sabe: "Rir é saudável". A medicina nos tornou cônscios disso de novo. Ao rir distancio-me das amarras do cotidiano e entro em contato com a liberdade interior. Não confiro poder às coisas que querem me oprimir, mas me coloco acima delas. Quando São Bento adverte seus monges contra rir alto, ele se refere evidentemente a outra coisa: a um riso que fere o indefeso, pois se ri dele. Ridicularizar alguém é uma forma sutil de exercício de poder. No entanto, nesse caso, não se trata de riso autêntico. Quem ri calorosamente contagia os outros e revela vitalidade e liberdade. Na Idade Média existia o riso pascal. O sacerdote contava anedotas por ocasião da pregação da Páscoa para levar as pessoas ao riso. Nesse riso – assim pensavam os teólogos – as pessoas experimentariam o mistério da ressurreição: de que a morte não tem mais poder sobre nós. Somos livres para, no riso, nos elevar sobre tudo aquilo que nos ameaça.

Há pessoas que querem controlar suas emoções. Não conseguem rir de maneira relaxada e sincera, nem são capazes de expressar sua tristeza e chorar. Tudo deve suceder apenas na superfície. No entanto, rir e chorar são, enquanto reações emocionais, sinais de vitalidade. Tanto ao rir como ao chorar, a pessoa não tem controle sobre si. Ela sai de si: o riso como reação imediata à alegria ou a uma anedota que a faz rir, e o choro como reação espontânea a um evento que a deixa triste.

Mas há também um choro como expressão de profunda alegria. Os monges antigos enalteceram o dom do choro. Esse choro era a reação a uma profunda experiência de Deus. Quem sente Deus de modo realmente profundo em sua alma, irrompe em lágrimas. Pois não se pode experimentar Deus a distância. Experimentar Deus provoca em mim uma forte reação. Esse choro consiste, simultaneamente, em duas coisas: Chorar sobre a grandeza de Deus, bem como chorar sobre minha estreiteza e pequenez.

> **Somos livres para, no riso, nos elevar sobre tudo aquilo que nos ameaça.**

Segundo a convicção dos antigos monges, as lágrimas levam as pessoas a encontrar a sua verdade. Elas as colocam em contato consigo mesmas. O filósofo Helmuth Plessner explica o choro "como emoção no seu todo, a qual o ser humano se entrega sem reservas". É, por isso, que encontro com a questão que está em jogo: expressão direta da vida verdadeira. Com riso e choro reagimos diretamente ao mundo, que se abate sobre nós com eventos alegres e tristes. E o mundo está, assim como nossa vida, cheio de eventos e vivências, que provocam em nós ambas as reações: riso e choro.

Aos que choram, Jesus promete que irão rir. Quem acolhe a sua mensagem, transformará a sua situação interior. Já aos que riem, aos que acham que tudo dará certo e que podem rir das outras pessoas que têm menos que elas, ele exorta: "Ai de vós, os sorridentes de agora, porque gemereis e chorareis!" (Lc 6,25). Com as bem-aventuranças, por um lado, e com os "ais", por outro lado, Jesus quer nos dizer: Decida-se pelo riso. Ria de todos os poderes que querem lhe entristecer. Pois se confiar na assistência de Deus, os poderes estranhos não terão poder sobre você. E, inversamente, Jesus quer nos exortar: Você não tem garantia alguma de que sempre poderá rir. Por isso, reflita sobre em que queres depositar sua confiança: na riqueza que agora desfruta e com que se diferencia dos pobres, ou em Deus. Pois se você baseia seu riso somente em coisas exteriores, logo ele passará. Por isso, decida-se pela confiança. Ainda que o sofrimento lhe atinja, ele não lhe destruirá. A misericórdia e o amor ilimitados de Deus são a garantia de que o riso vencerá o choro. Porém, enquanto vivemos, vale o seguinte: há um tempo para rir e um tempo para chorar. Somente quando o tempo for anulado na morte, a liberdade e a alegria prevalecerão definitivamente; então, todas as lágrimas serão enxugadas e o riso terá a vitória definitiva.

Trabalhar e ser ativo têm o seu tempo, bem como o repouso e a contemplação

O trabalho determina uma grande parte de nossa vida. No entanto, ele não deve se converter na grandeza que determina tudo. É importante o equilíbrio: precisamos de tempo de quietude, de lazer e contemplação, para que o trabalho não nos devore. Contudo, precisamos igualmente de tempos em que somos ativos, para não ficarmos simplesmente largados e perdermos a tensão interior. Na tradição de São Bento, é a relação entre rezar e trabalhar, entre *ora et labora*, que realça essa ligação entre tensão e quietude, a ligação com o mundo e com Deus.

> **Em ambos, na oração e no trabalho, trata-se da atitude de dedicação.**

Um jovem queria necessariamente entrar para o mosteiro. Mas ele achava ser um tipo contemplativo. Conseguiria trabalhar no máximo três horas por dia. Ele necessitava dedicar o tempo restante para a contemplação. Esse jovem confundiu contemplação com ter tempo para si mesmo. E, em última instância, contemplação era, para ele, uma maneira narcisista de girar em torno de si mesmo. Não é por acaso que São Bento exorta seus monges a rezar e a trabalhar. Ambas as atividades estão interligadas. E para ambas há tempos específicos. Há tempos em que conscientemente não faço nada exteriormente, em que me permito apenas ficar sentado, meditar e ouvir o silêncio. Mas se eu sempre só ficar sentado e meditar, em algum momento a meditação ficará vazia, e perco a tensão interior. Somente a alternância entre tempos de atividade e de contemplação nos mantêm internamente vivos.

São Bento conhece não só tempo para a ação e a contemplação, para o trabalho e para a oração. Ele compreende o trabalho também como um teste para a autenticidade da oração. Quem se recusa a trabalhar, recusa-se, em última instância, também na oração, a se dedicar a Deus. Utiliza a oração somente como um tempo em que gira em torno de si mesmo e de suas necessidades e sentimentos. Na oração e no trabalho trata-se, em última instância, de dedicação: na oração me dedico a Deus. No trabalho, dedico-me inteiramente ao trabalho. Trabalho dedicadamente. E essa dedicação ao trabalho, segundo São Bento, não está em contradição com a dedicação na oração. Ao contrário: Ao me dedicar ao trabalho, dedico-me a Deus que me chama a me libertar do meu ego e me envolver com ele e com as pessoas e com o que a vida exige de mim: E isso é justamente o trabalho. E o que se aplica aos monges, aplica-se, em geral, a todas as pessoas.

Nem todos vivenciam isso dessa forma. Atualmente, muitos experimentam o trabalho como algo desgastante, como esforço e, muitas vezes, como algo alheio que lhes é imposto. Esse significado negativo de trabalho ou de trabalhar já se encontra no termo alemão [*Arbeit*], que originalmente significa: "ser uma criança submetida a um trabalho físico mais árduo". O termo alemão se refere, portanto, à coação para o trabalho e à dificuldade inerente ao trabalho. Ele adquiriu um significado positivo somente com Lutero, que entende o trabalho como atividade profissional. O termo alemão *Beruf* [profissão, vocação], porém, deriva de *Ruf* [chamado]: Deus chama o ser humano para o trabalho.

De modo semelhante ao termo alemão, também o termo latino *labor* tem o sentido de esforço. O termo grego *poiein*, por sua vez, tem algo de criativo. *Poiein* significa "trabalhar" – mas também compor versos, criar, moldar. O trabalho é, portanto, o espaço em que o ser humano pode criar e moldar algo novo. São Bento tem em vista esse significado positivo do trabalho ao se referir aos artesãos como *artífices* (que também pode significar "artistas"). *Ora et labora*, "orar e trabalhar" – ambos estão interligados. A ligação desses polos transforma também o trabalho. Isso significa o seguinte: A alternância salutar entre oração e trabalho, entre estar ativo e descansar, confere uma nova qualidade tanto a minha oração como ao meu trabalho. A oração possibilita fazer uma pausa, a fim de descobrir no íntimo a própria fonte. E o trabalho flui, então, a partir dessa fonte interior. Assim, o trabalho não é algo completamente alheio que me é imposto, que tenho de cumprir como uma exigência externa. Antes, ele flui a partir da fonte interior. Ele se converte em fruto da oração. E em ambos, na oração e no trabalho, trata-se da atitude de dedicação, de devoção. Na oração, devoto-me a Deus e confesso que pertenço, em última instância, a Deus. Quando trabalho dedicadamente, o trabalho perde o caráter de algo penoso. Aí posso me esquecer de mim mesmo. O trabalho flui da fonte do amor. E, então, ela adquire outra qualidade.

No entanto, para experimentar essa nova qualidade do trabalho, é preciso também a alternância entre trabalho e descanso, entre trabalho e oração. A oração, entretanto, não deve ser utilizada com o propósito de se conseguir trabalhar mais e melhor. Ela tem, antes, um valor intrínseco. É uma respiração da alma. Nela entro em contato com minha alma, com o espaço interior do silêncio. E nesse espaço do silêncio posso descansar. Ali vivencio o momento em que não tenho de fazer absolutamente nada. Se aproveito esse momento, recupero inclusive a vontade de trabalhar.

> **A alternância entre ação e contemplação nos mantêm interiormente vivos.**

O domingo é, normalmente, o dia em que conscientemente deixamos de lado o trabalho e nos dedicamos ao repouso. Contudo, para muitos, o domingo se converteu apenas numa espécie de ocupação diferente. A pessoa vai apressadamente de um evento para outro. Ela se expõe a novo estresse ao empreender, por exemplo, excursões difíceis às montanhas, a fim de escalar este ou aquele pico, ainda que fique horas parada no congestionamento durante a viagem de regresso. Precisamos reaprender a desfrutar tempos de repouso, de lazer e de contemplação, para que inclusive voltemos a gostar de trabalhar. Aquele que, durante o trabalho, anseia permanentemente pelo fim de semana livre, não estabeleceu uma boa relação entre ação e contemplação. O tempo livre é inclusive uma condição para a contemplação. Tempo livre significa a atitude de fazer uma pausa, de deixar acontecer, de silêncio, de quietude. Tomo a liberdade de ser livre da obrigação de, continuamente, ter de fazer e realizar algo. Tampouco cedo à tentação de passar aos outros a impressão de que tenho muito a fazer e que, por isso, sou importante. E desfruto essa liberdade, porque sei que não tenho de mudar o mundo permanentemente. Deixo-o, por ora, assim como ele é. Contemplo-o e admiro-o em sua beleza. Percebo o que ele quer me dizer. Deixo as plantas crescerem. Não estou sob a pressão de ter de mudar permanentemente tudo o que está ao meu redor e, sobretudo, as outras pessoas. Somente quando consigo deixá-las como são, descubro como querem se desenvolver e como posso apoiá-las a se converterem no que são a partir de sua essência mais íntima.

Na contemplação – na meditação, na oração – entro em contato com a fonte interior. E dessa fonte posso sorver no meu trabalho. A contemplação me leva ao fundamento de minha alma. E é ali que experimento a fonte do Espírito Santo que jorra em mim. Quando sorvo dessa fonte, não fico tão facilmente esgotado. Pois a fonte é inesgotável, dado que é divina. Entretanto, só posso sorver dessa fonte se sou permeável para o Espírito de Deus. Se utilizasse a fonte do Espírito Santo para fortalecer meu ego e me mostrar exteriormente como alguém ilimitadamente resistente, essa fonte não poderia fluir em mim. Ela somente flui quando me liberto do meu ego e me abro para o Espírito de Deus. Nesse caso, meu trabalho adquire outra qualidade. Ele deixa de ser algo árduo e implacável. Ele flui e traz bênção, pois está permeado pelo Espírito de Deus.

Trabalho e descanso estão interligados como olho e pálpebra (Rabindranath Tagore).

Há um tempo para o cotidiano e para a celebração de festas

O termo alemão *Alltag* [cotidiano] surgiu apenas no ano de 1800. Ele significa aquilo que vivemos todos os dias, diariamente. É o habitual, aquilo que não tem nada de especial. E o termo também indica que diariamente surge todo tipo de coisas e toda espécie de trabalhos. O termo *All* designa, no entanto, também o universo. O cotidiano determina tudo no ser humano. O universo do cotidiano é, muitas vezes, tão imponente que Deus não tem qualquer espaço nele. Por isso, desde sempre o ser humano sente a necessidade de romper o cotidiano por meio de festividades.

O tempo do cotidiano é utilizado. Uma festa nos coloca em contato com o tempo não utilizado do princípio.

A festa mais primordial mencionada na Bíblia é o sábado [*Sabbat*]; no âmbito cristão, é o domingo. No sétimo dia, no sábado, Deus descansou de sua obra. E ele declarou esse dia como sagrado. Sagrado é aquilo que escapa ao acesso do mundo. O sagrado pertence a Deus. Sobre ele o mundo não tem qualquer poder. Assim, a festa é um tempo que rompe o inexorável curso do tempo como o conhecemos no cotidiano, que nos cria um espaço livre. Esse espaço livre é caracterizado pela quietude e pelo tempo livre. O tempo livre pertence à natureza do ser humano. Sem festas, o ser humano se converteria em escravo do trabalho. No entanto, o trabalho – assim consta na Bíblia – só é consumado através do descanso do sábado. "No sétimo dia considerou acabada toda a obra que havia feito, e no sétimo descansou de toda a obra que fizera" (Gn 2,2). Sem descanso, o trabalho não é concluído. Aí ele sempre continua, nunca acaba. Porém, não se torna realmente completo, perfeito. O descanso é necessário para contemplar o trabalho e percebê-lo com gratidão.

O termo alemão *Fest* deriva do termo latino *feriae*. Trata-se de dias livres. A festa tem, assim, sempre a ver com liberdade. A festa não tem que levar a algo. Festejo sem um propósito definido, festejo a vida, a alegria de viver. E a festa me evoca imagens salutares, que querem me colocar em contato com meu verdadeiro si-mesmo. Para C.G. Jung, o ano litúrgico é um sistema terapêutico. Em cada festa, festejamos imagens que correspondem às imagens salutares de nossa alma e que querem evocá-las em nós. Celebrar uma festa sempre faz bem para a nossa alma.

Uma festa – assim dizem os psicólogos da religião – nos coloca em contato com o tempo sagrado, com o tempo não utilizado do princípio. O tempo do cotidiano se utiliza. Ele precisa ser repetidamente renovado através do contato com o tempo sagrado do princípio. A festa rompe o cotidiano abrindo-o para Deus, para a transcendência: para algo que é maior. A festa – assim diz o filósofo Josef Pieper – é concordância com a vida: "Ela leva o ser humano à concordância consigo mesmo". E ela nos conecta com outras pessoas. Não se consegue celebrar uma festa sozinho. Na festa vivenciamos a segurança e o apoio da comunidade.

Portanto, é preciso ambos: o cotidiano em que nos dedicamos às tarefas que a vida nos coloca, e a festa que rompe a rotina do cotidiano e abre nossa vida para Deus. Porém, ao mesmo tempo, é importante abrirmos nosso cotidiano repetidamente para Deus. Essa tarefa – assim nos diz a tradição espiritual – é desempenhada pelos rituais e pela oração diária. Os rituais criam, em meio ao cotidiano, um tempo santo, um tempo que pertence a Deus e a mim mesmo, sobre o qual ninguém pode dispor, em que estou inteiramente comigo mesmo, em que eu mesmo vivo, em vez de ser vivido. E os rituais nos colocam em contato com as raízes de nossos antepassados, com a força de vida e de fé de todas as pessoas que, antes de nós, se ativeram a esses rituais e com eles geriram suas vidas. Sem rituais nosso cotidiano se converteria facilmente numa roda de hamster. Ele determinaria tudo em nossa vida. Os rituais são uma interrupção do cotidiano e uma ruptura do cotidiano rumo à transcendência que, no ritual, irrompe em nossa vida. Rituais são a condição para que façamos face ao cotidiano a partir de Deus e com a bênção e a força de Deus. Como a festa, os rituais também nos dão um sentimento de liberdade interior, de nossa dignidade e de nossa identidade. E eles nos dão a certeza de que, também no cotidiano, não somos excluídos da relação com Deus, da relação com a transcendência.

O engajamento é importante, mas a serenidade também faz bem

Conheço pessoas que sempre se dedicam ardentemente a algo e se comprometem apaixonadamente com algo. No entanto, às vezes, essas pessoas também correm o risco de se esgotarem de tanto engajamento. Porque sempre se dedicam ardentemente a algo, algum dia se esgotam. Pois a reserva de material que pode ser utilizada é limitada para cada pessoa.

> É bom quando temos um eu forte. Ele move algo no mundo. No entanto, é preciso também o contraponto: a libertação do domínio do ego.

Por isso, é preciso, como contraponto, a serenidade. Relacionamos com serenidade o sentimento de quietude. Alguém não se deixa inquietar. Apesar de tudo, está quieto e sereno. No entanto, esse é apenas um significado de serenidade. O outro é: Deixo as coisas como são. Deixo as pessoas como são. Não tenho a pretensão de mudar tudo e todos. Posso deixá-las como são. E tampouco estou sob pressão de ter de mudar constantemente a mim mesmo. Posso deixar a mim mesmo como sou. Esse tipo de serenidade requer que me liberte de meu ego. Pois o ego quer sempre fazer algo, sempre quer se impor, se exibir, estar no centro. O ego está sob pressão. Ele quer sempre fazer algo. É bom ter um eu forte. Ele move algo no mundo. No entanto, também é preciso o contraponto: a atitude de se soltar do ego, a libertação do domínio do ego.

Porém, ainda que serenidade signifique poder se desprender e não se ater a objetivos quando se revelam inatingíveis, isso não quer dizer que, desse modo, perece o anseio e simplesmente acaba o sonho de um mundo melhor. Ambos são, portanto, necessários.

Além disso, a alternância entre engajamento e serenidade faz bem também ao nosso trabalho. Trabalhamos comprometidos. Envidamos esforços para atingir objetivos. Promovemos um projeto. No entanto, também são necessárias fases de serenidade em que, antes de mais nada, deixamos as coisas acontecerem. Não podemos obrigar um cavalo a andar o tempo todo; também é preciso dar-lhe a oportunidade de descansar e trotar tranquilamente no próprio ritmo. Podemos plantar a árvore, regá-la e cuidar dela. Mas é preciso, também, deixar-lhe o tempo necessário para que possa crescer, como corresponde a sua natureza.

Esperança e temor não mudam o clima (Provérbio tibetano).

Ser saudável é importante, mas também a doença é vida

Quem é realmente saudável? Há muito de verdade na resposta que um médico de família deu certa vez a essa pergunta: "Quem consegue viver razoavelmente feliz com suas doenças". Karl Valentin formulou, à sua maneira, paradoxalmente: "Nunca ficar doente tampouco é saudável". Quando perguntamos como alguém está, muitas vezes recebemos a seguinte resposta: "O que importa é que estou saudável". Frequentemente, descobrimos como é bom estarmos saudáveis só ao ficarmos doentes. Algumas pessoas, principalmente as mais idosas, gostam de falar de suas doenças ou de suas "dores e sofrimentos". E muitas falam constantemente de seu bem-estar. Querem, em todo o caso, permanecer saudáveis e em boa forma o máximo de tempo possível.

> A doença chama minha atenção para uma condição básica de minha existência humana, para minha fragilidade. Ela me obriga a indagar: Quem sou realmente?

A saúde é considerada um "bem supremo": Nesse sentido, as pessoas fazem todo o possível, submetem-se a repetidas dietas ou ingerem todo tipo de suplementos alimentares que supostamente garantem sua saúde. No entanto, não existe um método seguro desse tipo. Alguns vivenciam a doença como uma derrota. Acham o seguinte: Se vivo de maneira saudável, alimento-me de maneira saudável e, inclusive, tenho uma espiritualidade saudável, nem sequer deveria ficar doente.

No entanto, é evidente que também a doença tem uma função relevante em nossa vida, ao nos indicar o seguinte: a saúde é uma dádiva, não é algo que eu mesmo possa "fazer". Por outro lado, a doença chama a atenção para minha própria verdade e pode me conduzir para meu verdadeiro si-mesmo. Ela rompe com as ilusões que fiz a respeito de mim mesmo: por exemplo, a ilusão de que posso fazer tudo o que quero, de que sempre serei saudável ou de que tenho controle sobre a minha saúde. A doença chama a minha atenção para uma condição básica da minha existência humana, para minha fragilidade. Ela me obriga a indagar: Quem sou realmente? Sou apenas a pessoa bem-sucedida e sempre saudável? Qual é meu verdadeiro si-mesmo? Quem é a pessoa que ficou doente? E a doença me faz humilde ao me revelar que não detenho a posse do meu corpo. Não posso utilizá-lo como uma máquina. Tenho que lidar bem e cuidadosamente com ele.

A saúde e a doença fazem parte da vida. E assim também a alternância entre doença e saúde pode ser salutar para nós: é uma dádiva poder viver saudável, mas a doença nos revela também nossa medida. Ela nos indica que não podemos trabalhar desmedidamente, que devemos ouvir nosso corpo. Ele nos dá muitos sinais de qual é a medida certa para nós. No entanto, preferimos ignorar esses sinais. Aí é preciso a doença para ficarmos alertas e prestarmos atenção à voz de nosso corpo, e é preciso a capacidade de ouvir, em última instância, o própio Deus que nela nos fala, e de obeder a essa voz.

Creio que há certas portas que somente a doença pode abrir. Talvez a doença nos separe de algumas verdades, assim como, porém, a saúde, de outras (André Gide).

O desfrute tem seu momento, bem como a renúncia

Em todas as religiões e culturas, há tempos de renunciar e tempos de desfrutar, tempos de jejuar e tempos de festejar. Essa alternância dá sabor à vida. Se vivêssemos só momentos de desfrute, logo a alegria, com isso, acabaria. E, inversamente, renúncia não é o oposto de desfrute. Antes, a renúncia intensifica o desfrute.

Também a psicologia sabe isto: só quem consegue renunciar, também consegue realmente desfrutar. Desfrutar sempre tem a ver com a medida certa. Desfrute é o oposto de ganância. Pessoas gananciosas se encerram cada vez mais em si. Elas se entopem com comida e bebida, porque querem preencher um vazio interior. Mas não sentem o que comem e bebem. Não experimentam a alegria: nem no vinho que bebem, nem na paisagem que atravessam a toda velocidade. "Quem sabe degustar, não bebe o vinho, mas aprecia seus segredos", disse Salvador Dalí. A pessoa gananciosa não tem nenhuma relação com seu corpo e com seu entorno. Ele não conhece o segredo das coisas. Desfrutar é, portanto, por si, renunciar: renunciar ao excesso. Estabeleço conscientemente um limite para que possa realmente desfrutar.

Ascese não é algo negativo, mas é treinamento na liberdade interior. Com frequência, observamos que alguém que é duro consigo mesmo procede de maneira igualmente dura em relação às outras pessoas. Se a ascese, porém, fosse apenas negação da vida ou fosse entendida como a apresentação de um desempenho, ela não teria valor. Para os antigos monges, a mansidão era o critério para saber se a ascese "está certa" ou não. Se alguém, através da ascese, não se torna manso, mas duro, então se trata de um exercício de girar de modo narcisista em torno de si mesmo. A pessoa se gaba de quão simples é viver, mas se torna intolerante com os outros. Ser manso, porém, significa estar prontos para reunir, acolher e abraçar tudo o que está em nós. E aquilo que nos incomoda nos outros – o fato de que, por exemplo, desfrutam da comida ou comem demais –, isso está também em nós. Somente quando abraçamos isso afavelmente em nós, tratamos afavelmente também as pessoas.

Somente a alternância entre desfrutar e renunciar dá sabor à vida.

Desfrutar tem sempre a ver com o bom e o belo. Saboreamos uma refeição que tem um gosto bom. Apreciamos um livro bem escrito, bem como nos deleitamos com a beleza de um quadro, de uma peça musical ou com a beleza da natureza. Desfrutar não significa consumir: o termo alemão *schön* [belo] tem a ver também com *schonen* [poupar, preservar, cuidar de]. Só posso desfrutar da beleza da natureza quando lido cautelosamente com ela, cuidando-a e preservando-a. E vivencio uma pessoa como bela somente quando a preservo, quando não a avalio e a utilizo, mas simplesmente a deixo ser como ela é.

Uma condição para poder desfrutar é o tempo. Disponho de tempo ao comer e mastigo conscientemente o que levo à boca. Ao mastigar devagar sinto o gosto dos pães, da batata, do queijo, dos legumes. Desse modo, tudo é percebido de modo mais intenso. Disponho de tempo também para olhar um quadro e deixá-lo agir em mim. Sento-me com toda calma num banco e me exponho ao que o quadro me transmite. Tampouco corro no último momento para o concerto, mas usufruo a noite toda para permitir que a música penetre em mim. Inclusive apreciar uma paisagem requer tempo. Faço uma pausa e olho, deixo simplesmente a paisagem agir em mim e não me coloco sob a pressão de saber quais montanhas consigo identificar.

Desfrutar requer tempo e atenção.

O fato de que desfrutar requer tempo significa também o seguinte: não temos de satisfazer imediatamente cada necessidade. Quando adio um deleite, é justamente essa espera que pode me abrir para que consiga realmente desfrutar aquilo pelo que anseio, seja a comida, seja o concerto, sejam os quadros no museu.

A outra condição para o verdadeiro desfrute é a atenção. Comer conscientemente, perceber conscientemente a paisagem pela qual se passeia. A música não me influencia no trabalho. Deixo todas as outras coisas de lado e me dedico conscientemente à música. Ouço-me nela, sinto o que ela faz comigo. Similar é com as imagens da obra de arte. Algumas pessoas entendem a visita a um museu como um ato de devoção. Elas veem a beleza das imagens e sentem como ela lhes faz bem, como tem um efeito salutar sobre sua alma.

Desfrutar sempre foi, aliás, um tema da espiritualidade. O objetivo da vida espiritual – assim dizem autores espirituais – é a *fruitio Dei*, a fruição de Deus. Quando falamos de desfrutar de Deus, surge em nós outra imagem de Deus do que a do Deus exigente, que espera de nós, sobretudo, o cumprimento de seus mandamentos. É claro que Deus é também o criador diante do qual nos prostramos, ou o Deus que nos desafia. Mas Deus é também aquele que podemos fruir. A fruição de Deus – assim diz a tradição espiritual – realiza o maior anseio do ser humano. E essa fruição de Deus também pode acontecer ao nos alegrarmos conscientemente com a música, a boa comida, as belas imagens.

Quando nos envolvemos com ambos e aceitamos que Deus nos destinou tempo de desfrute e de renúncia, nossa vida terá êxito.

Os sentimentos negativos podem existir, mas eles não nos determinam

Todos nós conhecemos não só os sentimentos belos: amor, alegria, felicidade, entusiasmo. Cada um de nós conhece também medo, irritação, ciúme, vergonha etc. No entanto, muitas vezes não somos nós que temos controle sobre os sentimentos, mas são os sentimentos que têm controle sobre nós. Gostaríamos de nos livrar dos sentimentos negativos. No entanto, não conseguimos. Quanto mais lutamos contra eles, tanto mais fortes se tornam. Também eles têm seu tempo e seu sentido, também eles podem existir. Importante é como lidamos com eles.

Já os antigos monges se ocuparam intensamente com suas emoções. Também eles contavam com o fato de que, em cada um, surgem sentimentos negativos. Eles não se assustavam com isso. Antes, diziam: não somos responsáveis pelos sentimentos que surgem em nós, mas apenas pela forma de lidar com eles. Nas emoções reside uma força. Emoção vem de *movere* = "mover". Quando corto as emoções, separo-me de uma importante fonte de energia. Mas é claro que também há emoções negativas que me dominam: a raiva pode se tornar tão grande que eu explodo. A inveja pode me devorar interiormente, a ganância pode nunca me deixar em paz, o medo pode me paralisar, a tristeza pode me puxar para baixo.

Os monges designam as emoções de *logismoi* = "pensamentos, estruturas mentais ou espirais de pensamento emocionais" ou também *pathe* = "paixões". Às vezes, eles também se referem a demônios, para expressar que essas emoções nos atacam como inimigos e querem nos dominar. Para eles, não se trata de acabar com as emoções, mas de lutar com elas, para que possam utilizar a seu favor a energia positiva que se encontra nelas. Em cada sentimento se encontra um sentido. E sempre é importante identificar o sentido dos sentimentos e descobrir a energia que pode me fortalecer.

> **Emoções são uma fonte de energia. Posso lidar com elas de tal modo que me tornem inclusive mais vívido e humano.**

Há um conto que exprime essa sabedoria numa bela imagem, o conto das três linguagens. Relata-nos sobre um rapaz que aprendeu a linguagem dos cães. Ao ter de pernoitar numa torre onde vivem cães agressivos que o recebem com latidos ruidosos, ele fala amigavelmente com eles em sua linguagem. E eles lhe contam que só latem ferozmente porque guardam um tesouro. Eles lhe mostram o tesouro e o ajudam a desenterrá-lo. Então, eles desaparecem. A sabedoria que se encontra aí: onde nossas emoções latem mais alto, onde querem nos dominar da forma mais intensa, ali se encontra também um tesouro. "Tesouro" é uma imagem do si-mesmo. As emoções que se manifestam em nós de forma tão intensa querem nos convidar a descobrir o nosso tesouro interior e desenterrá-lo. Precisamos apenas entender a linguagem delas e conversar com elas. Então, elas nos dão uma importante contribuição para nossa encarnação. Revelam-nos em que devemos prestar atenção e o que devemos proteger em nós.

Aprende a verdadeira alegria e conhecerás a Deus
(Sri Aurobindo).

O sucesso tem seu momento e o fracasso faz parte da vida

Ansiamos pelo sucesso em nossa vida. No passado, quando eu jogava futebol, também queria vencer. Mas não se pode vencer sempre, nem no futebol, nem na vida. Vivenciei isso seguidamente no período em que assumi a responsabilidade econômica pelo nosso mosteiro na condição de celerário. Algumas coisas deram certo. Em alguns projetos, porém, também perdi. Quando, por exemplo, aplico dinheiro, só poderei fazê-lo com êxito, se também puder perder.

Quando escolhemos uma profissão, queremos ser bem-sucedidos. No entanto, existe também o fracasso na profissão. Casamos na esperança de que o matrimônio dure para sempre. Também no processo de nossa humanização queremos chegar cada vez mais longe, ficarmos cada vez mais maduros. No entanto, temos a experiência do fracasso. Fracassamos na profissão porque chegamos aos próprios limites ou porque a empresa é vendida e não temos mais a chance de continuar a trabalhar em nossa profissão. O matrimônio fracassa apesar de todos os esforços de lidar de modo justo um com o outro, apesar de todos os aconselhamentos matrimoniais e de todos os esforços para salvar a relação. Ou temos a impressão de que fracassamos também em nosso processo de amadurecimento, de que, de repente, os aspectos negativos se tornaram tão fortes que fazem desmoronar tudo o que desenvolvemos no plano psicológico.

Dói reconhecer o fracasso. No entanto, depois da dor do fracasso, trata-se de se reconciliar com essa situação. A reconciliação só funciona, porém, se compreendo o sentido de meu fracasso. Talvez tenha corrido atrás de ilusões. Talvez a imagem ideal de mim mesmo ou de meu matrimônio fosse muito elevada. Nesse caso, não sou eu quem fracassa em minha vida, mas o que fracassa é o meu projeto de vida. Ele se parte para que eu dê uma nova configuração à minha vida. O velho vaso se despedaçou para que, a partir dos cacos, se molde algo novo, algo que corresponda mais com a minha verdadeira essência. Quando vemos o fracasso dessa maneira, ele pode se converter em oportunidade de crescer na configuração que corresponde com nosso verdadeiro si-mesmo. Não devemos buscar o fracasso. É claro que devemos ser gratos quando não fracassamos. Mas, às vezes, compreendo que o fracasso foi necessário para me libertar das imagens falsas ou exageradas que fiz de mim mesmo e de minha vida. E essa experiência pode levar ao amadurecimento interior, a mais quietude e serenidade. E o fracasso pode levar a minha vida a ter êxito de uma nova forma. O sucesso adquire uma nova qualidade. Não se trata apenas de um sucesso exterior, mas, em última intância, de um sucesso interior, do sucesso da minha encarnação, independentemente de como os outros vejam a minha vida.

> Também o fracasso pode se converter em oportunidade de se desenvolver na forma que corresponde ao nosso verdadeiro si-mesmo.

Dar-se por satisfeito, mas também sempre confiar no anseio

A tensão entre satisfação e anseio faz parte de uma vida bem-sucedida. Há pessoas que nunca estão satisfeitas: nem com seu trabalho, nem com sua casa ou com a cidade em que residem, nem com o vizinho, nem com sua família. Essa insatisfação é, muitas vezes, expressão de um conflito interior. Essas pessoas não estão em paz consigo mesmas, e assim projetam seu conflito interior nas condições de vida exteriores.

Quando, através da minha insatisfação, me pergunto: "Quem sou?", chego ao fundamento interior de minha alma. Ali tenho uma ideia de quem na realidade sou. Não consigo descrever esse verdadeiro si-mesmo. Mas tenho o sentimento de que estou inteiramente comigo. E, nesse instante, deixam de ter importância questões como se sou bom o suficiente, como sou visto pelos outros ou o que ainda tenho de fazer externamente. Então, estou em paz comigo mesmo. Então, estou satisfeito.

Essa satisfação não significa uma satisfação plena. A satisfação plena deixa a pessoa estática. Muitas vezes, ela se deve ao temor diante do novo. Tudo deve permanecer como está. Então, não preciso mudar. Satisfação verdadeira significa que estou em paz com minha vida, que me reconciliei com minha história de vida e que disse sim para mim mesmo.

O termo grego para paz, *eirene*, vem do âmbito da música e significa a harmonia dos diversos tons, uma consonância de tons altos e baixos, suaves e agudos. Não é, portanto, nada estático, mas algo vívido. Como na música, os tons têm de, repetidamente, entrar em harmonia de forma renovada.

O outro polo que nos integra é o anseio. O anseio vai além deste mundo. Ele remete para algo em nós que excede este mundo. Mas é exatamente isso que nos mantém vivos. O anseio não é uma fuga da banalidade da vida para sonhos fantásticos de grandeza própria. Antes, o anseio, que, em última instância, somente Deus pode entender, capacita-me a dizer sim para a mediocridade e banalidade de minha vida. Nem meu trabalho, nem minha família, nem minha situação pessoal – nada de tudo isso tem de satisfazer o meu anseio mais profundo. Da nossa vida fazem parte também decepções. Muitas pessoas preferem evitar essa constatação dolorosa. Mas, nesse caso, elas estão constantemente fugindo de si mesmas. Nunca chegam a ter paz. Quando lidamos com nosso anseio, podemos nos reconciliar com o fato de que nossa profissão não atende às nossas expectativas. Então, estamos de acordo com nós mesmos, como nossas falhas e fraquezas. Nosso anseio supera nossa profissão e a nós mesmos. Ele relativiza tudo o que fazemos aqui. Desse modo, ele nos liberta da busca desesperada por sucesso e reconhecimento cada vez maiores. Ele nos liberta da pressão a qual nós mesmos muitas vezes nos submetemos.

O anseio nos coloca em contato com nós mesmos. Quando sinto meu anseio estou no meu coração. E, nesse caso, as outras pessoas não têm poder sobre mim com suas expectativas. Ele amplia o coração também em relação às pessoas. Ele cria espaço para os outros. Não condena. Segundo São Bento, o coração amplo é simplesmente sinal de uma pessoa espiritual: onde lido com meu anseio, estou no rastro da vida, descubro minha própria vitalidade.

> **Trata-se de confiar no meu anseio e me deixar conduzir por ele na amplidão e na liberdade, no amor e na vitalidade.**

Aceitar a realidade de minha vida assim como ela é não significa, portanto, nenhuma resignação, porque eu simplesmente não tenho mais que esperar. O anseio amplia, em meio ao cotidiano banal, meu olhar para aquilo que vai além desse cotidiano. E permite que, tudo o que vivencio, seja vivenciado numa nova perspectiva. Marcel Proust disse certa vez: "O anseio faz com que as coisas floresçam". No anseio resplandece, então, algo que dá brilho à minha vida; e aí posso reconhecer uma promessa também naquilo que me envolve no cotidiano.

O anseio e a satisfação são dois polos que estão interligados. Não aparecem de maneira sucessiva, mas têm simultaneamente seu lugar na minha vida. Porque meu anseio vai além deste mundo, posso estar satisfeito com meu cotidiano. Não me diluo nele. A satisfação não é uma autossatisfação plena, mas uma concordância com a mediocridade de minha vida. Paro de sobrecarregar minha vida através dos desejos em relação à vida. Posso dizer sim para minha vida, porque ao mesmo tempo sinto em mim um anseio que excede a tudo o que é banal. Nesse anseio, já toco uma outra realidade, aí já estou no rastro daquilo que leva além do meu cotidiano.

Anseio é o princípio de tudo
(Nelly Sachs).

É hora de se envolver, mas também é permitido estar cansado

É bom quando não giramos constantemente em torno de nós mesmos, de nossas próprias necessidades e desejos, mas nos envolvemos com os outros. O envolvimento com os outros é expressão do amor cristão ao próximo. No entanto, conheço pessoas que constantemente ficam de consciência pesada quando fazem algo para si mesmas. Elas acreditam que deveriam sempre estar disponíveis para os outros. No entanto, deveríamos nesse caso ouvir nossa alma. Enquanto a atitude de se envolver com os outros for motivo de alegria, será coerente deixar de olhar para si mesmo e estar disponível para eles. Porém, quando nos sentimos explorados ou reagimos com irritação ou ficamos cansados, deveríamos ouvir os sinais de nossa alma. Trata-se de um equilíbrio saudável entre preocupação com os outros e cuidado de si mesmo.

Quando ficamos cansados com nosso envolvimento, trata-se, possivelmente, de um convite para cuidarmos de nós e nos recuperarmos. Deveríamos, então, buscar aquilo de que precisamos neste momento: de uma pausa, de algo que alimenta nossa alma, que nos provoca alegria. O cansaço é sempre um convite para cuidarmos de nós mesmos. Porém, o cansaço pode significar ainda outra coisa. Às vezes, ficamos cansados porque algo não está certo. Eu fico cansado, por exemplo, em conversas, sempre que o outro não aborda aquilo que realmente o move, mas faz de tudo para evitar o verdadeiro tema que está em sua alma. Quando ficamos cansados em nosso envolvimento com os outros, trata-se de um convite para um olhar mais detalhado: esse envolvimento tem sentido? Ou agora outra coisa é mais importante? Agora passou a hora para esse tipo de envolvimento?

> **Quando ficamos cansados em nosso envolvimento, trata-se, possivelmente, de um convite para cuidarmos de nós e nos recuperarmos.**

São Bento exige que o celerário sempre esteja atento à sua própria alma. Ele deve se envolver com o mosteiro, para que, nas questões econômicas, tudo corra bem. Ele deve estar disponível quando os irmãos pedem algo. No entanto, ele deve sempre estar atento à sua própria alma. A alma lhe diz quando tem de dizer não, quando deve deixar de se envolver com os outros para voltar a entrar em contato consigo mesmo. Esse preceito é válido para todos nós. Quando se escuta a própria alma, sabe-se quando é tempo de se envolver com os outros – e quando é coerente ceder ao próprio cansaço. Quando, após um período de envolvimento com os outros, me deito cansado na cama, posso desfrutar do peso do cansaço. E digo para mim mesmo: Agora não preciso fazer absolutamente nada. Quando me permito descansar durante quinze minutos, novamente tenho vontade de me engajar em prol dos outros.

Crer tem o seu tempo; as dúvidas também têm sentido

Há momentos em que a fé nos sustenta. Cremos que Deus está presente, que ele nos acompanha e nos auxilia a fazermos face a nossa vida. No entanto, há momentos em que a dúvida fica mais forte: É tudo ilusão aquilo em que creio? O que significa, afinal, que Deus existe, que Deus se tornou um ser humano em Jesus Cristo e que, através dele, nos ofertou seu Espírito? Surguem dúvidas principalmente quando o sofrimento nos atinge. Talvez tenha me enganado ao acreditar que Deus cuida de mim, que ele ouve as minhas preces? Por que ele me abandonou? Por que minha mãe teve de morrer tão cedo? Por que meu filho foi arrancado de mim por um acidente de trânsito? Isso não pode estar em conformidade com a figura do Pai amoroso que cuida de nós.

Quando tempos de dúvida nos acometem, não devemos nos colocar sob pressão: É preciso, porém, crer. Tampouco devemos condenar a nós mesmos quando temos dúvidas. A dúvida pode existir. E pode haver tempos em minha vida em que a dúvida é maior do que a fé. No entanto, trata-se de não se fixar na dúvida, mas crer que a dúvida se converterá novamente em fé. Nos tempos de dúvida, não deveria simplesmente me despedir da minha fé. Antes, devo considerar a dúvida justamente como desafio para formular de maneira renovada a minha fé: o que significa a fé na ressurreição neste momento em que um ente querido me é arrancado por meio da morte? O que significa que o amor é mais forte que a morte? Quem é esse Deus, do qual espero que me sustente? Como experimento esse Deus agora que tudo em mim ficou escuro e não sinto em mim nenhuma esperança?

A dúvida guarda minha fé de se tornar autoritária.

Nossa vida só dá certo quando, repetidamente, proporcionamos espaço para cada um dos dois polos. Quando queremos excluir ou reprimir um polo, ele vai para a sombra. É o que diz o psicólogo C.G. Jung. Quando reprimo a dúvida, projeto-a em todos que não creem como eu. E os combaterei. Pois, eles me deixam inseguro. Quando não há lugar para a dúvida, tampouco podem existir aqueles que não compartilham de minha fé. Quando, porém, permito minha própria dúvida, não fico inseguro com as pessoas que creem de modo distinto. Lido com a dúvida dos outros e com a minha própria. Mas não me afundo na dúvida. Permito que a dúvida, antes, me conduza repetidamente à fé. Aceito a dúvida. Mas aí digo para mim mesmo: Sim, pode-se duvidar, e sinto a dúvida bem forte em mim. Mas posso apostar também na fé. Aí vivencio, em meio à dúvida, uma fé que realmente me sustenta também nos tempos de incerteza.

Muitas vezes, fé e dúvida existem simultaneamente. Nesse caso, a dúvida é parte essencial da fé. Ela evita que minha fé se torne autoritária. Obriga-me a reavaliá-la reiteradamente. Quando começo a pensar que tudo é apenas ilusão, posso refletir seriamente sobre a dúvida. Aceito-a e imagino que tudo seja somente ilusão. No entanto, em virtude da dúvida posso me decidir pela fé. Digo para mim: Eu aposto na fé. Então, ouso, de maneira sempre nova, o salto na fé. Porém, a fé nunca é uma posse estabelecida.

Preciso me decidir por ela reiteradas vezes, saltando repetidamente da dúvida para a fé.

Tudo tem o seu tempo: celebrar a vida e aceitar a morte

É algo inteiramente natural: Quem nasceu, algum dia morrerá. E ainda que, muitas vezes, percebamos isto de maneira diferente: A morte não é uma exceção. "Bem-aventurados os que viveram antes de morrerem", consta na lápide da poetisa Marie-Luise Kaschnitz, em Bollschweil. É uma antiga sabedoria: Viver e morrer estão interligados. Agostinho é da seguinte opinião: A partir do nascimento, morremos continuamente; aproximamo-nos continuamente da morte. No entanto, viver e morrer estão interligados também de outra maneira. Somente aquele que está consciente de sua morte viverá intensamente. São Bento exorta os monges a terem sempre em mente a morte. Levar em conta a morte me permite viver inteiramente no momento. A limitação de minha vida confere ao momento presente uma importância especial. Não há nada mais importante do que realmente viver agora neste momento. Ter em mente a morte é, para os monges, um exercício de viver livre do medo. Muitas coisas, então, deixam de ter relevância. Às vezes, o medo da morte é, contudo, expressão do temor de que ainda nem sequer se viveu. A morte não desvaloriza a vida, mas lhe confere sua dignidade.

> **Não se consegue largar uma vida não vivida.**

Às vezes, nascimento e morte coincidem. Morre o avô, e, alguns dias mais tarde, nasce um neto. A família celebra ambos os eventos: o funeral do avô e o batismo do neto. Ou se celebra alegremente o aniversário de 90 anos da avó. E, alguns dias depois, ela morre. Ela queria tanto viver e tinha tanto orgulho de sua idade avançada. Contudo, de repente, a morte a alcança.

Para minha mãe, que morreu aos 91 anos, sempre esteve claro: Ela gostava de viver. Ela desfrutava da vida. Mas também estava pronta para morrer. Para ela, viver e morrer faziam parte do ser humano: Dizer sim para a vida e estar pronto para partir e morrer. No entanto, sempre dói quando morre uma pessoa querida. A despedida é dolorosa. Contudo, mesmo do funeral pode-se dizer com frequência: Foi um belo funeral. Nele se fez uma bela despedida. E no velório, após as lágrimas sobre o caixão, já se volta a sorrir. Fala-se sobre a vida do falecido. E a cada um ocorre algo diferente do que havia vivido com ele. Na morte de uma pessoa, celebra-se a sua vida. E confiamos que o falecido agora foi convertido na verdadeira forma que Deus lhe deu e que, durante a sua vida, frequentemente foi obscurecida pelas suas fraquezas. Porque a morte, para nós, cristãos, não é simplesmente o final, mas a consumação, a transformação no verdadeiro, podemos celebrar a vida, que sempre sabemos ser limitada. Mas essa limitação não nos causa temor. Ela é, antes, um convite para viver agora, neste momento.

C.G. Jung considera que, a partir da meia-idade, só permanece vívido quem está preparado para morrer. Quem não viveu tem dificuldade de largar sua vida. Pois não se consegue largar uma vida não vivida. Nesse caso, tem-se constantemente a impressão de que é preciso compensar o que não foi vivido. Consta que os patriarcas da Bíblia morreram "cheios de dias". Quem realmente viveu consegue largar sua vida. Não sabemos como será nossa vida após a morte. Nossa esperança é que, na morte, nossa vida será transformada, de forma renovada, em algo que "nem o olho viu, nem o ouvido ouviu" (1Cor 2,9).

Só quem está consciente de sua morte viverá intensamente.

2
Tudo tem um significado
Do cotidiano como exercício de atenção

Todos temos de lidar com nosso cotidiano. A questão é saber se todas essas tarefas, necessidades, obrigações e condicionalidades me dominam ou se sou senhor das circunstâncias: se vivo ou sou vivido. Eu mesmo posso encontrar a resposta para essa questão. Posso me decidir. Esse cotidiano está cunhado por procedimentos sempre idênticos, que se converteram, por assim dizer, em rotina: somos acordados pelo despertador, nos levantamos, escovamos os dentes, nos banhamos, nos vestimos, tomamos o café da manhã e nos dirigimos para o trabalho. Essas atividades podem permanecer puramente exteriores. Quando nos decidimos a realizá-las atentamente, elas se tornam um hábito benéfico e, ao mesmo tempo, um símbolo de algo mais profundo. Aí o cotidiano não é algo vazio, mas um lugar em que pratico e realizo meu amor. Aí, repetidas vezes, também no cotidiano experimento encontros que me deixam feliz. E, de repente, o vazio se transforma em plenitude, o banal se torna sagrado e a rotina é rompida para dar lugar às surpresas nas quais o caráter indisponível do amor divino irrompe em meu cotidiano. Em seu livro "O cotidiano como exercício", Karlfried Graf Dürckheim descreve como atividades simples podem se tornar exercício na essência: "Uma carta deve ser depositada numa caixa a cem passos de distância. Se se tem em vista apenas o depósito, perdem-se os cem passos. Se, como ser humano, se está a 'caminho', pleno do sentido da condição humana, pode-se no trajeto mais curto, desde que se ande na postura e atitude corretas, pôr-se em ordem e se renovar a partir da essência" (DÜRCKHEIM. *Alltag*, 16). Portanto, em tudo que fazemos, trata-se de estarmos abertos para nossa verdadeira essência, de estarmos em contato com o ser: de tocarmos aquilo que está em tudo e que, no entanto, transcende a tudo.

Quando realizamos atentamente todas as atividades simples, elas perdem inclusive seu caráter desgastante. Estamos inteiramente naquilo que fazemos. O monge budista Doc The ensinava aos seus alunos somente frases simples como: "Simplesmente despertei; espero que cada um alcance a grande consciência e veja com total clareza". Ou ao lavar as mãos: "Enquanto lavo as mãos, espero que todas as pessoas tenham mãos puras para receber a realidade" (HANH, T.N. *O milagre da atenção plena*, 14) Ao fazermos de maneira inteiramente consciente o que fazemos, experimentamos, então, o seguinte: a atenção nos abre para outras pessoas ao nosso redor. Nossa ação está ligada a um anseio de bênção para as pessoas. Ao dizer sim para meu cotidiano, também em sua mediocridade e normalidade, e ao fazer conscientemente aquilo que está para ser feito, exercito não só o altruísmo e a entrega, mas também a fidelidade: a fidelidade a mim, às pessoas e a Deus. Então, o cotidiano é para mim uma importante área de atuação espiritual.

Uma promessa: o toque do despertador

Para muitas pessoas, é um momento de sobressalto quando o desespertador as desperta do sono pela manhã. Elas pensam: ainda estamos tão cansadas. Queremos continuar a dormir. Elas veem o despertador como um elemento perturbador, sim como um inimigo. Porém, quando vejo o despertador como inimigo, não faço nenhum favor a mim mesmo. Vivenciarei o primeiro momento do dia de maneira mais aprazível se fizer do despertador um amigo e aceitar seu toque como uma promessa.

A língua alemã associa *wecken* [despertar] com o termo germânico *wekan* = estar alegre e renovado. O despertador [*Wecker*] quer me deixar renovado e alegre. Os filósofos gregos consideram a condição do ser humano como uma condição de sono. O ser humano se deixou levar por quaisquer ilusões sobre a vida. Faz parte da vida consciente acordar e ver a realidade assim como ela é.

O despertar é uma oportunidade de ter um novo início, de acordar para a vida ou fortalecer aquilo que, por assim dizer, está adormecido ou estava morto em mim, como escreve João em seu Evangelho. Dizemos, por vezes, para uma pessoa que vive em sonhos ou ilusões: Acorda. Vê as coisas como são. Tira teus óculos cor-de-rosa. E tem a coragem de olhar o mundo com olhar atento.

Acorda. Vê as coisas como são. E tem a coragem de olhar o mundo como ele realmente é.

O jesuíta indiano Anthony de Mello tem a seguinte opinião: mística é despertar para a realidade. Agora, finalmente vemos as coisas como realmente são. Vemo-las na luz de Deus e encontramos a coragem de encarar também o negativo em sua realidade. Pois na luz de Deus podemos encarar também o negativo e o mal, na esperança de que a luz superará toda escuridão.

Os Padres da Igreja gregos conceberam o mistério da ressurreição de Jesus como "despertamento". Deus despertou seu filho da morte para a vida. O despertar provocado pelo despertador é, portanto, um convite para descobrir o mistério da ressurreição de Jesus. Devemos acordar da morte para a vida. Devemos olhar para o dia com olhos atentos.

É claro que a Igreja antiga ainda não conhecia um despertador. O verdadeiro despertador era o canto do galo. Ambrósio (por volta de 339-397), Padre da Igreja, descreveu isso lindamente num hino matinal:

> Já canta o galo, o arauto do dia,
> o sentinela vigilante na noite profunda.
> Luz noturna para os viandantes,
> que divide uma parte da noite da outra.

O galo zelou por nós durante a noite para nos despertar de manhã. Segundo Ambrósio, seu canto para despertar não é um incômodo, mas é a promessa de que agora a luz vence a escuridão, de que sentimos uma nova força em nós. Assim consta algumas estrofes a seguir:

> Ao canto do galo desperta a esperança,
> os doentes retomam vigor,
> o malfeitor se abstém de sua conduta,
> volta a fé aos que caíram.

Nesse hino reconhecemos a arte dos poetas do cristianismo antigo de conceber o evento natural do canto matinal do galo como uma imagem espiritual. O galo se converte em imagem de Cristo, que zela pelas pessoas durante a noite, a fim de despertá-las para a vida nova. Quando associo o despertador matinal com imagens espirituais similares, como Ambrósio faz em seu hino, levanto de coração leve. Não é uma luta contra o cansaço. Ao gostar de me deixar despertar sinto em mim vida, frescor e alegria renovados. Quando acordo assim, o dia começa de forma profícua – promissora.

Doçura momentânea do ser vivo, com o que
a realidade – quase desperta! – supera o sonho
(Juan Ramon Jiménez)

Levantar-se e não deixar a vida passar

Cada um de nós levanta de manhã. Às vezes, perguntamos ao amanhecer: "Você levantou bem hoje de manhã? Saiu bem da cama?" Com isso, indicamos que podemos levantar com sentimentos distintos: bons ou tristes. Levantar-se é um ato cheio de simbolismo. No cristianismo, ele está associado à imagem da ressurreição de Jesus. Jesus se levantou do túmulo. A imagem do túmulo é também um símbolo do estado de decepção, de enrijecimento. Levantamos conscientemente do túmulo de nossa resignação e de nossa autocompaixão. Assim, ao levantar de manhã, podemos pensar que levantamos do sono para tomar em nossas mãos o dia, a nossa vida.

O túmulo é também símbolo da atitude dos espectadores. Levantar-se significa, portanto, sempre também abandonar o papel passivo de espectador e ressurgir para a vida. O espectador assume uma posição confortável, ele permanece deitado – ou, expresso em outra imagem: Ele fica sentado no sofá, observando a vida. Mas não se levanta para assumir sua responsabilidade pela vida. Quer escapar dela incólume. Quem se levanta arrisca algo, tornando-se vulnerável. Porém, é responsável por sua própria vida. E somente quem se levanta e se coloca a caminho, poderá converter seus sonhos em realidade. Quem se levanta torna-se ativo. Enfrenta algo. Interfere na vida. Dele pode vir algo.

Empregamos o termo "levantar-se", no entanto, também com outro sentido. Levanto-me contra certas pessoas que envenenam a sociedade com *slogans* agressivos. Levanto-me contra as tendências de nossa sociedade que negam a vida, contra a mentalidade dominante, contra os obstáculos que se colocam em nosso caminho ameaçando nos impedir de assumir a vida – essa vida que nos convida a cada manhã e nos espera a cada novo dia, de forma resplandescente e colorida.

> **Somente quem se levanta e se coloca a caminho pode converter seus sonhos em realidade.**

Deveríamos perceber conscientemente aquilo que fazemos todos os dias muitas vezes de maneira inconsciente. Ao levantar de manhã, estou consciente do seguinte: levanto-me, e entro no dia. Saio do conforto da minha cama. Abandono o papel passivo do espectador. Participo no jogo da vida. Tomo parte na vida. Não a desperdiço. Levanto-me para me colocar a caminho. Coloco-me a caminho de Deus. Afinal, meu caminho sempre leva a Ele. Mas também me levanto para me colocar a caminho das pessoas. Ando ereto e erguido através do dia a fim de erguer também as pessoas ao meu redor. Então, sempre que me levanto de manhã, intuo algo do mistério da ressurreição, que é a base de toda a nossa vida.

Renovado para o dia: lavar-se e banhar-se

Quando, depois de me levantar, entro debaixo do chuveiro, desfruto da água quente que escorre em mim. Sinto o aroma agradável do sabonete com que lavo carinhosamente meu corpo, percebo a sensação agradável, sou grato porque hoje me levantei com saúde. Trato bem meu corpo, alegro-me com ele. Cuido dele inteiramente no espírito do pensamento de Santa Hildegard, que certa vez disse que deveríamos lidar com nosso corpo de tal modo que nossa alma gostasse de habitar nele. E, então, tenho consciência do que significa limpar/purificar: limpo não só meu corpo. Removo também todos os pensamentos obscuros. Quando, durante o sonho, surgem imagens que me assustam, posso tentar encará-las e entender o que querem me dizer; ou, quando não as entendo, posso, de manhã, simplesmente removê-las com a água. Lavo-me atentamente e sinto que me renovo da sonolência da noite, que não lavo apenas a sujeira corporal, mas tudo que obscurece meu verdadeiro si-mesmo. Ao me lavar, liberto-me dos sentimentos depressivos, de pensamentos incômodos, de preocupações que me oprimem, de ideias tenebrosas que obscurecem meu íntimo, e das palavras com as quais outras pessoas me feriram. Lavo o que me afeta na conversa dos outros, todos os queixumes da insatisfação que ficam presos em mim. Limpo tudo o que me contamina interior e exteriormente. Debaixo do chuveiro não posso refletir longamente. Ali também meus pensamentos ficam mais vagos. Relaxo com a água corrente, e tenho a sensação de que a água que escorre em mim me coloca em contato com a fonte interior de minha alma. Quero haurir dessa fonte ao ir para o trabalho. E posso ter a esperança de que o trabalho não irá me exaurir. No início do novo dia se encontra, portanto, uma experiência positiva: de frescor, de nova energia.

A limpeza exterior pode se tornar uma imagem para a limpeza ou purificação interior, em que se trata da vereda espiritual. Em todas as religiões, há rituais de purificação. A pessoa se purifica da própria culpa ou de impurezas provocadas por outras pessoas. Quando entendo purificar dessa maneira, imagino também o que significa: ter um coração puro, um coração que não está ofuscado pela inveja e pelo rancor, pela raiva e pelo desejo de vingança. O salmista vê no lavar um redimir da culpa: "Lava-me todo da minha culpa e purifica-me do meu pecado!... Lava-me, e ficarei mais branco do que a neve!" (Sl 51,4.9b). Não posso me redimir sozinho da culpa. No entanto, posso vivenciar o banho como uma ação de Deus em mim:

No início do dia está a experiência da nova energia.

O próprio Deus é quem me purifica de toda culpa. Não preciso começar o dia de consciência pesada. Deus me libertou de toda culpa, de todas as autorrecriminações e de todos os sentimentos de culpa.

O banho matinal pode se tornar, ao mesmo tempo, um símbolo de algo mais profundo: de um ritual consciente. O ato singelo se converte em algo especial: Eu renasci, por assim dizer. Essa é a experiência dos primeiros cristãos por ocasião do banho batismal. Todo banho pode nos lembrar do banho batismal, em que fomos purificados de todas as imagens que ofuscam em nós a imagem única de Deus, de todas as expectativas dos outros e das imagens que nós mesmos nos impomos. Desse modo, em cada banho entramos em contato com a imagem única de Deus, e seu brilho original pode resplandecer em nós.

Cada dia é o primeiro dia. Cada dia é uma vida
(Dag Hammarskjöld).

Mais do que hábito e higiene: escovar os dentes

De manhã, cada um faz sua higiene pessoal e escova os dentes. Isso pode se tornar uma rotina vazia. Mas quando a realizamos atentamente, ela adquire um sentido maior. Em todo caso, ela continua uma questão de cuidado da saúde que praticamos desde a infância. Contudo, quando escovo atentamente os dentes, lido carinhosamente com minha boca. Sou grato porque tenho dentes saudáveis, posso morder, comer e beber, posso perceber sabores maravilhosos com a boca e posso falar. Ao escovar os dentes, olho no espelho e me percebo como sou: Digo sim para mim já de manhã.

Além disso, posso tornar consciente mais uma coisa: no sonho, os dentes são, muitas vezes, símbolo de que eu me delimito, que estabeleço limites claros. Desse modo, já ao escovar os dentes, posso imaginar onde hoje deveria estabelecer limites claros para mim.

Dentes também simbolizam agressão. Posso, assim, perguntar: Onde eu deveria "morder", ou seja, atacar algo? Onde deveria, enfim, começar a enfrentar algo? Ou ainda: Onde poderia me recusar a ser explorado?

E, com os dentes, nós falamos. A limpeza dos dentes pode, assim, tornar-se também um símbolo de que, hoje, eu depuro minhas palavras. Posso ter a consciência de que hoje falarei palavras puras, palavras sem segundas intenções. Isso significa: expresso o que meu coração me diz. Não utilizo minhas palavras para ferir outras pessoas, nem para exercer poder sobre elas. E não utilizo as palavras para apresentar uma boa imagem de mim e me colocar acima dos outros. Ao escovar os dentes, portanto, concordo em falar palavras boas durante este dia, palavras que encorajam e erguem os outros, palavras que transmitem esperança e confiança, palavras que esclarecem, palavras de reconciliação, que unem, palavras de amor, que transformam, e palavras que curam, em vez de ferir.

Quando adoto essa prática, escovar os dentes é, portanto, muito mais do que apenas uma questão de higiene. Agora começo o dia de maneira mais consciente e atenta. E isso pode transformar muitas coisas, para mim e para meu entorno.

> Todas as manhãs posso me indagar: Onde eu deveria, afinal, começar a enfrentar algo?

Vestir-se: um ato consciente

A investigação etnológica nos diz que a necessidade de se vestir não é condicionada, em primeiro lugar, pelo frio do qual a pessoa quer se proteger e tampouco pela vergonha que a levaria a cobrir seus órgãos sexuais. O verdadeiro motivo que nos leva a vestir roupas de manhã é a necessidade de se adornar. Vestimo-nos conscientemente de maneira bela e atraente e escolhemos a roupa que nos cai bem e realça a nossa própria beleza.

Por isso, é bom, ao se vestir, estar consciente do seguinte: sou grato pelo corpo que Deus me deu. Sou belo quando olho para mim de forma afetuosa. Na língua alemã, *schön* [belo] vem de *schauen* [olhar]. E tenho o direito de expressar, através de minha roupa, a beleza que Deus me deu. Através da beleza, as pessoas tomam consciência de mim. Desse modo, posso me encontrar com elas de maneira positiva e autoconfiante. Alegro-me com o encontro quando sei da minha própria beleza. E a beleza tem um efeito salutar nas pessoas. A beleza alegra. Considerado em toda sua profundidade, visto-me conscientemente de modo que, como pessoa, apareça no esplendor original que Deus reservou para mim.

De manhã, algumas pessoas ficam bastante tempo paradas diante do armário refletindo sobre a roupa que poderia ser mais apropriada para o trabalho ou mais adequada para o encontro com outras pessoas. Elas logo imaginam se os outros vão considerar seu traje adequado. Com isso, tornam-se dependentes do juízo dos outros. No entanto, ao nos vestirmos deveríamos estar voltados inteiramente para nós mesmos. Como monges isso é mais simples. Usamos sempre a mesma vestimenta: o hábito, o cinto e o escapulário. No passado, os monges proferiam uma prece específica ao vestirem cada peça de roupa. O motivo disso é o sentimento de que o ato de se vestir tem um significado mais profundo. Paulo afirma que, no batismo, fomos revestidos de Cristo (Gl 3,27). E a Carta aos Efésios nos exorta nos seguintes termos: "Revestir-vos da nova natureza, criada segundo Deus em justiça e verdadeira santidade" (Ef 4,24). E tudo isso podemos ter em mente ao nos vestirmos. Não vestimos apenas belas roupas, mas vestimos Cristo como a verdadeira vestimenta, que faz resplandecer nossa verdadeira beleza. E, através da vestimenta, nos tornamos novas pessoas. Dito em termos bíblicos: vestimos a vestimenta da salvação, a vestimenta da graça, a vestimenta do amor de Deus, que hoje pretende envolver e proteger nosso corpo. Uma ideia que poderia dar outra perspectiva para o dia todo.

> **Eu deveria estar voltado inteiramente para mim e levar meu íntimo a resplandecer.**

Café da manhã: começar o dia com toda a tranquilidade

A forma como as pessoas tomam o café da manhã é bem diferente. Algumas já estão pensando no trabalho. Engolem apressadamente um pedaço de pão e, já de pé, tomam provavelmente uma xícara de café. Nesse caso, o café da manhã é, no máximo, um momento de saciedade. Em todo caso, não é nenhum prazer comer na correria e logo ter de sair a toda pressa.

Outras pessoas, por sua vez, consideram o café da manhã um momento sagrado. Elas tiram tempo para ele, sozinhas ou com a família ou com o cônjuge. Dão início ao café da manhã com uma prece conjunta, em que pedem também a bênção para o dia de hoje. Desfrutam o início da manhã dessa forma. E não permitem que esse momento seja interrompido. É um tempo que lhes cabe e que moldam de modo correspondente. Algumas escutam uma música motivadora com som baixo e se alegram com ela. Ou, antes de tudo, põem-se a par das novidades lendo o jornal. Ou preferem conversar pela manhã. Conversam sobre o dia, suas esperanças, suas preocupações, bem como seus medos. Elas fazem a experiência de que, ao expressar todos os sentimentos, pode-se começar o dia de maneira confiante.

Ler o jornal, ouvir música ou apreciar uma variedade de alimentos: no café da manhã, muitas pessoas têm um ritual estabelecido. A maioria come sempre a mesma coisa: cereais ou um pãozinho com geleia e queijo. Quando o café da manhã sempre sucede da mesma maneira, não se precisa refletir muito tempo sobre o que colocar na mesa. Um bom ritual economiza energia de manhã. E quando o café da manhã é idêntico todos os dias, a pessoa se alegra especialmente quando, no sábado ou no domingo, tem um formato um pouco diferente, pois se reserva mais tempo para ele.

Para quem toma tempo para si de manhã, o dia já inicia de forma distinta.

Também quem toma café da manhã sozinho pode celebrar esse momento de modo inteiramente consciente, pode saborear e mastigar conscientemente o pão fresquinho e apreciar seu sabor. Quando tiro tempo para mim no café da manhã, o dia já começa de maneira diferente. Então, também vou tranquilamente para o trabalho. A primeira hora do dia já é um momento sagrado. Ela me dá um sentimento de liberdade, quando, em seguida, me envolvo com o trabalho, em que me são trazidos muitos desejos e pedidos alheios. Tomar conscientemente o café da manhã me resguarda de, mais tarde, me sentir como em uma roda de *hamster*. Todo dia começa, então, com o momento que dedico a mim, em que, de forma consciente e grata, aproveito as boas dádivas que Deus me oferece diariamente. Aproveitar conscientemente o início do dia e dar ao novo dia o prenúncio da tranquilidade, tirar tempo para si e conceder tempo para si mesmo: isso confere ao início do dia um significado especial.

Ler o jornal de forma diferente

Para mim – assim como para muitos outros também – ler o jornal é um ritual. Faz parte da minha rotina diária. Normalmente, nunca vejo televisão. Mas me informo lendo jornal de manhã. Entretanto, pode-se fazer isso de forma completamente distinta.

É claro que, ao lançar mão de um jornal, tomo conhecimento das novidades. Mas me aprofundo também nas informações gerais. E, reiteradamente, reflito. Não quero satisfazer minha curiosidade, mas ao ler penso nas pessoas a respeito das quais leio. Rezo por elas. Rezo pelos políticos que estão sob pressão para tomar decisões necessárias, que repetidamente são atacados e não agradam o público. Rezo pelas vítimas da violência ou do terror. Rezo pelas pessoas que se tornaram agressoras: que entrem em contato com sua verdade interior e possam se libertar de sua ação brutal, com a qual prejudicam também a si mesmas. E rezo pelo país do qual uma matéria relata em tom crítico que parece estar sem perspectivas de esperança. Ler nos coloca em contato com a realidade. Assim a leitura do jornal me liga com o mundo, com as pessoas. Sinto-me ligado com as pessoas em todo o mundo. E tento dar minha contribuição de esperança ao oferecer a Deus todos os problemas sobre os quais leio. Aquilo que li no jornal, levo junto para as orações do coro. Os Salmos expressam em suas imagens antigas aquilo que o jornal atual conta a respeito das pessoas. E, hoje, ao falar perante Deus a respeito da vida das pessoas, tenho a esperança de que a transformação sucede neste mundo.

Naturalmente, também conheço a outra forma de ler jornal: apenas para satisfazer a minha curiosidade e saber rapidamente as novidades. No entanto, quando me apanho fazendo isso, sinto que essa maneira de ler não me faz bem. Então, volto para a minha prática de ler o jornal rezando. Nesse caso, a leitura do jornal se torna um lugar espiritual, um lugar em que sinto a responsabilidade por este mundo e em que, ao mesmo tempo, sinto minha impotência para resolver todos os problemas deste mundo. Porém, não reajo de forma resignada, mas positiva: ao oferecer a Deus toda a miséria que vejo e confiar que sua bênção pode provocar uma transformação neste mundo.

> Posso oferecer tudo a Deus, na esperança de que a transformação susceda no mundo.

Sereno no caminho para o trabalho

O trabalho determina o cotidiano da maioria das pessoas. Nem sempre associamos com ele apenas sentimentos positivos. A maneira de nos ajustarmos a ele é algo que depende de nós mesmos. Não se colocar sob pressão, libertar-se dos temores – isso já começa no caminho para o local de trabalho. Quem se coloca a caminho com serenidade e atenção já ganhou muito.

Posso da uma configuração bem distinta à maneira de ir ao trabalho. Quando vou de carro, posso estabelecer cada vez um novo recorde para chegar o mais rápido possível ao trabalho. No entanto, isso não só é estressante, como logo encontra um limite. Posso, por outro lado, aproveitar o caminho para o trabalho e utilizá-lo como um momento de meditação: imagino o que me espera no trabalho, quais pessoas encontrarei hoje, de que conversas participarei. Contudo, não fico pensando em como será. Antes, coloco sob a bênção de Deus tudo o que me ocorre. Peço que Deus me abençoe, que meu trabalho tenha êxito, que a conversa para a qual eu me preparei seja proveitosa, que o cliente com quem me encontrarei seja receptivo e que eu permaneça sempre no meu centro e consiga ser amável com todos.

Quando vou de carro, posso ouvir boa música durante o trajeto. Quando vou de trem, talvez leve um livro e me alegre em poder ler todos os dias durante a viagem e, assim, imergir num outro mundo. O tempo do percurso pertence a mim. É meu tempo sagrado que ninguém pode tirar de mim.

São Bento exige que o celerário sempre esteja atento à sua alma. Na minha opinião, isso significa também o seguinte: eu sou responsável pelos sentimentos e atitudes interiores com que vou para o trabalho. Pode acontecer que num determinado dia não gostaria de ir ao trabalho, porque tantas coisas me esperam, porque estão previstas reuniões problemáticas. Aí, muitas vezes, coloco isso como uma pedra sobre o peito. Estar atento à alma significa, então, o seguinte: percebo esses sentimentos, mas os ofereço a Deus e lhe peço que os transforme. Seu amor deve fluir para dentro de minha irritação, do meu temor, do meu descontentamento e me encher de paz e alegria. Peço-lhe que, apesar de todas as coisas desagradáveis que me ocorrem, esteja sempre comigo e possa me preencher de bondade e felicidade. Quando, a partir dessa postura, posso então ocupar meu posto de trabalho com um sorriso afável, o dia já terá começado de maneira distinta.

> Quem se coloca a caminho atentamente
> já conquistou muito.

Dirigir um carro como campo de atuação espiritual

Na maneira de conduzir um carro, pode-se conhecer o caráter de uma pessoa. Algumas pessoas dirigem de maneira inteiramente tranquila, outras de forma agressiva e nervosa. Quando, por ocasião das minhas inúmeras viagens de carro para ministrar palestras, observo o comportamento de alguns motoristas, percebo reiteradamente como algumas pessoas manifestam suas agressões reprimidas ao conduzirem. Outras, ao contrário, são amáveis, dando o direito preferencial de passagem.

Estou convencido do seguinte: também a condução pode se tornar um espaço de experiência espiritual. É expressão de nossa alma e pode se tornar – como tudo que fazemos – uma área de atuação. Graf Dürckheim expressa isso da seguinte forma: o corpo é um barômetro que me indica o que há em mim, se há quietude ou inquietude, serenidade ou tensão. No entanto, o corpo é, ao mesmo tempo, um instrumento de transformação. Ao assumir conscientemente outra postura corporal, algo pode se transformar em mim. Ao conscientemente respirar de maneira mais calma, também minha alma pode se acalmar. Algo semelhante sucede ao digirir um automóvel. Podemos conhecer a nós mesmos quando dirigimos: o que se expressa em mim nessa situação? Identifico minha impaciência? Ou me coloco sob a pressão de chegar ao meu destino o mais rápido possível? Como reajo quando os outros motoristas andam muito devagar porque não conhecem o caminho ou, de repente, ultrapassam sem dar sinal? Em tais situações aprendo a conhecer a minha alma. Nesse caso, expressa-se a minha serenidade – ou a minha impaciência, a minha irritabilidade.

No entanto, ao mesmo tempo posso ver a condução como uma área de atuação espiritual. Posso me concentrar na minha maneira de conduzir, sem julgar a dos outros. Posso exercitar conscientemente a paciência quando estou num congestionamento. Posso reagir com serenidade quando de novo surge um local de obras. Não consigo evitar as primeiras reações de impaciência, de raiva, de irritabilidade. Mas posso reagir aos meus sentimentos espontâneos, me distanciar conscientemente da raiva e da impaciência. Posso tentar viver inteiramente no momento e, com serenidade, simplesmente perceber o que acontece ao meu redor.

Justamente ao dirigir um carro há momentos em que conheço minha alma.

Para mim mesmo, a condução é, ainda em outro sentido, um espaço para exercitar minha espiritualidade cotidiana. Quando estou no carro, gosto de escutar música clássica, sobretudo, espiritual e, desse modo, ao dirigir, gosto de me ocupar com o mistério da minha fé, com o mistério das palavras, como ressoam no Glória ao Pai ou no Credo ou no Benedictus ou no *Agnus Dei*. Ou ouço atentamente a interpretação dos textos bíblicos, audíveis nas cantatas de Johann Sebastian Bach. Quando me alegro com a música que escuto no carro, a viagem deixa de ser enfadonha. Ela se converte num momento de leveza e alegria.

Ao dirigir, aprecio também a paisagem pela qual passo. Saio conscientemente mais cedo para dispor de tempo suficiente para realmente perceber essa beleza durante a viagem. Então, não estou permanente sob a pressão de ter de chegar pontualmente ao meu destino. E caso aconteça realmente um congestionamento, não fico nervoso. Quando dirijo para casa à noite, aprecio, em primeiro lugar, o silêncio no carro. Permito que as impressões que recebi na palestra e no encontro com as pessoas continuem a repercutir e agradeço a Deus pelo que sucedeu. Então, a viagem noturna é, para mim, inclusive, um momento de experiência espiritual.

Também nesse caso é válido, portanto, o seguinte: nós mesmos podemos determinar nossa vida, e todo aquele que dirige um carro pode fazê-lo de diversas maneiras: ele pode se colocar constantemente sob pressão – ou ao dirigir pode apreciar a quietude e a beleza da paisagem. Pode chegar a si mesmo enquanto está a caminho. Enquanto dirige, pode até exercitar atitudes essenciais e compreender o tempo ao volante como um exercício espiritual.

Entrar num lugar e estar atento às transições

Muitas pessoas estão bem apressadas de manhã quando se dirigem para o trabalho. Mal chegam, abrem a porta – e sequer percebem a passagem da rua para o escritório. No passado, havia rituais de passagem. Não era algo óbvio cruzar o limite que levava a um novo espaço. O senso para o limite sagrado frequentemente ainda está presente nas igrejas. A pessoa tira o chapéu ao entrar na igreja, e faz o sinal da cruz com água benta. Quando um muçulmano entra numa mesquita, ele tira os sapatos para honrar o lugar sagrado que ele adentra. No passado, muitos católicos tinham um recipiente de água benta na porta de casa. Ainda lembro que, na infância, ao lado da porta de nossa casa, havia semelhante recipiente de água benta. Ao sairmos de casa, fazíamos o sinal da cruz com essa água. E ao chegarmos em casa, repetíamos esse gesto.

Sem dúvida, esse ritual tinha seu significado. Quando saio, pego água benta para me proteger. O amor que deixo fluir em meu corpo ao fazer o sinal da cruz deve me acompanhar e proteger também exteriormente na cidade ou no trabalho. E ao chegar em casa, é através da água benta que me purifico de todas as turvações, de todos os pensamentos e emoções negativos com que me deparei lá fora e que penetraram em mim. As pessoas de idade mais avançada ainda tinham um sentido para o limiar como símbolo da passagem de um lugar para o outro e de um estado para o outro.

Ao ser convidado, geralmente profiro minhas palestras em igrejas, em pavilhões ou salões, os quais ainda não conheço. Quando chego lá, por exemplo, numa igreja, entro nela de maneira inteiramente consciente e deixo-a atuar em mim. Pergunto-me que teologia sustenta essa Igreja e que experiências as pessoas tiveram nesse local. E também quando entro num salão, tento, no primeiro momento, captar a atmosfera. Assim, posso me ajustar também a tudo que sucederá aqui em termos de encontro.

Que a bênção preencha este local em que agora entro.

Também no dia a dia normal vale o seguinte: Quando, por exemplo, entramos na sala de uma autoridade, batemos antes na porta. Anunciamos nossa chegada para que o outro possa se preparar. Então, abrimos cautelosamente a porta e perguntamos se podemos entrar. Em seguida, num primeiro momento, observamos o local, captamos instintivamente se conseguimos nos sentir bem nele. E observamos, claro, também a pessoa que nos recebe. Para mim pessoalmente, é importante entrar na sala de modo inteiramente consciente. Tento estar inteiramente comigo para não me deixar determinar pela atmosfera do ambiente estranho ou pelo humor da pessoa que encontro. E, então, tento me concentrar na pessoa que me recebe. Saúdo-a amavelmente. Confio que ela também será amigável. Acredito na sua essência boa, ainda que, no primeiro momento, essa talvez ainda não seja tão visível.

No período em que, como celerário, tinha a responsabilidade econômica pelo mosteiro, frequentemente colegas ou irmãos batiam na minha porta e entravam no meu escritório. Certa vez ouvi batidas tão fortes na porta que logo imaginei que novamente alguém estaria irritado com algo ou alguém e queria expressar seu protesto. Outras entravam cautelosamente e perguntavam se podiam interromper. Algumas se sentiam bem à vontade como se ali fosse a sua sala. Já outras gostavam de ser convidadas a se sentar junto à mesa redonda. Como hóspedes, sentiam-se acolhidos e aceitos. Perceber as diferentes maneiras de as pessoas entrarem numa sala, também me fez ser mais sensível para a forma como eu mesmo entro num local.

Podemos desenvolver nosso próprio ritual de passagem. Poderia conscientemente abrir a porta e fazer uma prece para que a bênção de Deus encha esse local em que agora entro. Ou posso observar conscientemente esse local em que agora entro, e pedir a Deus para que ele abençoe tudo o que acontecer ali hoje. Então não vou ficar pensando nos problemas, mas me envolver inteiramente com o local e com o que ali acontece.

Dar início ao trabalho: não tropeçar nele

Diz-se que todo início é difícil. No entanto, iniciar é repetidamente também uma oportunidade para algo novo. Algumas pessoas chegam de manhã ao escritório e não sabem onde e como devem começar. No primeiro momento, olham diversos documentos que estão sobre sua escrivaninha. Ou ligam o computador para baixar os e-mails que se acumularam. Então, são levadas a responder os e-mails. Deixam-se simplesmente impelir pelo que as espera. E, muitas vezes, já estão no meio de uma roda de hamster que gira por si só. São conduzidas a partir de fora e reagem somente ao que ocorre no momento. Porque elas simplesmente tropeçam no trabalho e não estabelecem um início correto, muitas vezes ele tampouco tem êxito.

Nesse caso, seria benéfico dar início ao trabalho com um breve ritual. Posso começar prestando atenção à maneira como abro a porta do meu escritório ou do meu local de trabalho. Posso fazê-lo mecanicamente – ou atentamente. De forma inteiramente consciente, esse ato pode até se converter num ritual e adquirir uma profundidade espiritual: associo o gesto de abrir a minha porta com um pedido para que Deus abençoe o meu trabalho neste dia. E quando entro no meu escritório posso pedir que tudo o que fizer no dia de hoje seja bem-sucedido.

Geralmente, não chego sozinho ao trabalho. Há colegas de trabalho, homens e mulheres em outros escritórios ou colegas no meu escritório. Também, nesse caso, a questão é saber como me relaciono com essas pessoas no início de um dia de trabalho. De manhã, muitas pessoas estão fixadas somente em si mesmas. Sequer percebem as outras. Que tal alegrar-se conscientemente com os colegas, talvez já refletir no caminho para o trabalho sobre quem encontrarei hoje e se preparar positivamente para esse encontro? Posso criar uma atmosfera positiva no meu ambiente de trabalho simplesmente através do gesto de saudar meus colegas com um sorriso amável. Isso não é um fardo, leva pouco tempo – e o dia começa de outra maneira. E, além disso, faz bem para mim mesmo receber uma resposta igual à minha saudação amável. Sou responsável pelo ambiente que crio ao meu redor, e não simplesmente vítima da situação no meu escritório. Eu mesmo posso influenciar e moldar a atmosfera de forma positiva.

Todo início pode se tornar criativo com um breve ritual.

Sem dúvida: Não posso mudar a empresa inteira. No entanto, onde trabalho sempre crio um pequeno mundo ao meu redor. Muitas pessoas vão para o trabalho com uma tensão interior. Elas imaginam o seguinte: O chefe está de bom humor hoje? Qual é a disposição dos meus colegas? Quando inicio com tais expectativas, torno-me dependente do humor dos outros. É uma atitude passiva. Eu deveria, porém, ter uma atitude ativa no trabalho e no encontro com os outros. Através de meu jeito de lidar bem com os outros, posso também difundir uma boa atmosfera ao meu redor. Ela não depende de mais ninguém. Poder moldar o sentimento, a situação, já me dá energia de manhã. Quando, por outro lado, chego ao trabalho já assumindo uma atitude de vítima, logo tenho a sensação de que todos querem alguma coisa de mim. Tudo é demais. O trabalho não me dá prazer. Tenho que dar um basta nisso para fazer dinheiro. Com esses sentimentos, paraliso a mim mesmo. Por outro lado, quem inicia ativamente, quem entende que motiva a si mesmo com sentimentos amáveis em relação aos outros, experimenta o seguinte: o início pode se tornar criativo e o dia promissor.

Para saber o que se quer pintar é preciso começar a pintar
(Pablo Picasso).

Permanecer em uma questão: não vale protelar

Nem tudo o que temos que fazer no cotidiano é agradável. Decido arrumar minha escrivaninha ou finalmente entregar a declaração do imposto de renda. No entanto, sempre há coisas mais importantes para fazer. Eu deveria resolver um conflito, mas imagino o seguinte: talvez ele se resolva por si só. Tendemos a protelar questões desagradáveis. No entanto, quanto mais alguém adia alguma coisa tanto mais poder ela assume sobre ele. Questões pendentes nos paralisam, nos tiram a energia que precisamos para nos envolver com outras coisas.

Certo dia, alguém me perguntou como poderia superar essa "tendência à protelação", e lhe recomendei testar e aplicar as três seguintes regras:

A primeira regra: Fazer imediatamente aquilo que mais incomoda. Quando me animo a realizar imediatamente a conversa telefônica desagradável, quando reflito antes da conversa e peço que seja abençoada, vivenciarei seguidamente que a conversa será bem-sucedida. E, assim, o dia inteiro terá mais êxito. Quando, no entanto, protelo a conversa, todas as minhas outras atividades serão sempre afetadas por essa conversa adiada. Ela estará pendurada sobre mim como uma espada de Dâmocles, que temo continuamente que possa cair sobre mim.

A segunda regra: Refletir brevemente e fazer a seguinte pergunta: o que há de tão desagradável nessa questão? Preciso de ajuda? Ou é a minha insegurança quanto à reação da outra pessoa? Ao analisar o elemento desagradável que protelo, familiarizo-me com ele. E não olho mais para a montanha que está diante de mim, mas seleciono as questões específicas. Então, consigo me preparar melhor para aquilo que quero fazer. Ao dividir o problema em partes, ele se torna menor e previsível.

> **Não fiques cativo das preocupações, e verás: é possível.**

A terceira regra: Perceber a própria resistência. E então se motivar e resolver a questão com esperança e confiança. Não dar atenção a todos os argumentos contrários a que essa conversa se realize agora. Em semelhante situação, ajuda-me recitar a palavra de Jesus: "Levanta-te, toma o teu leito e anda!" Toma todas as tuas preocupações e resistências, todos os teus sentimentos, como uma cama sob o braço e anda em direção àquilo que pretendes realizar. Verás que é algo simples. Não fiques preso à cama. Não fiques deitado no leito de tuas justificativas para não fazer nada agora. Simplesmente ouça o incentivo de Jesus. Então, levanta, toma todas as tuas preocupações debaixo do braço e anda em direção a tudo aquilo que te espera agora. Verás que é possível.

> *A água se depura ao continuar a fluir; o ser humano, ao seguir em frente* (Provérbio indiano).

Fazer uma pausa e ganhar tempo para mim

Para que nossa vida tenha êxito, ela precisa de pausas. Conheço pessoas que trabalham sem parar. Elas não fazem pausas nem mesmo para o almoço. Comem seus pães, enquanto respondem seus e-mails. As pausas, porém, são necessárias para nossa vida. Fazem parte da arte de viver. Karlheinz Geissler, estudioso dos fenômenos do tempo, chega a ponto de afirmar o seguinte: o trabalho só se torna belo porque tem pausas, porque tem um início e um fim.

O termo alemão *Pause* vem da palavra grega *anapauso*: fazer cessar, interromper, descansar, revigorar. O substantivo *anapausis* significa: interrupção, descanso, lugar de descanso. Entre os gregos, *anapausis* não significa apenas o descanso do trabalho, mas também os períodos de descanso necessários aos órgãos internos do corpo humano, o tempo que os esportistas precisam para se recuperar, e o descanso do serviço militar. No sentido religioso, *anapausis* pode também significar a salvação de todos os males. Pois o descanso é, para os gregos, algo sagrado e algo que se pede aos deuses.

Uma pausa não é, portanto, apenas a breve interrupção que fazemos, de vez em quando, durante o trabalho ou durante uma caminhada. Antes, *anapausis* significa para os gregos também descanso e revitalização. Esse descanso, contudo, não é simplesmente uma condição de inatividade, mas um refrigério espiritual e anímico. Fílon, filósofo judeu que associa a sabedoria grega e judaica, identifica na *anapausis*, no descanso, o valor supremo. Ele não concebe o descanso como inatividade, mas como atividade sem esforço. Deus descansa sem estar cansado. Seu descanso é ação criadora. Para Fílon, o homem piedoso encontra, de modo semelhante a Deus, o descanso criador, enquanto que o insensato é inquieto.

Faça intervalos e também desfrute deles.

Também para nós hoje é válido o seguinte: fazer uma pausa é salutar. Trabalhamos arduamente. Faz bem interromper o trabalho e descansar. Aí as forças corporais podem se regenerar outra vez.

Ou durante a reunião tratamos de temas difíceis. As cabeças "derreteram". Aí faz bem simplesmente não fazer nada, pegar uma brisa fresca, respirar, deixar entrar em si vida nova. Caso tivéssemos continuado a discutir, de alguma forma teríamos nos enredado em discussões acaloradas. Também a neurociência nos diz que essas pausas são necessárias para que o cérebro possa se regenerar. Sem pausas perdemos nossa criatividade. Após uma pausa, pode-se seguir de modo benéfico.

Quando escrevo um livro, há momentos em que se esgota o fluxo da escrita. Posso, apesar disso, continuar a escrever. No entanto, quando continuo obstinadamente, em algum momento, sinto que o texto não fica bom. Então me deito por dez minutos. Não fico refletindo sobre o que devo escrever. Mas justamente quando me deito na cama de maneira desinteressada surgem boas ideias. Aí sento-me novamente junto ao computador e consigo escrever bem. Nas férias, não escrevo basicamente nada. Aí não levo um caderno de anotações nem um computador nem um diário. Simplesmente desfruto me envolver com a caminhada ou com a convivência com meus irmãos. Em seguida, ao me sentar novamente junto à escrivaninha, volto a estar renovado e a ser criativo.

Portanto, faça pausas no trabalho e na vida familiar. E aproveite esses períodos. Diga para si mesmo: agora não tenho que fazer nada, refletir em absolutamente nada, mas simplesmente existir. Faço apenas uma pausa e respiro. Isso é suficiente. Isso me faz bem.

Nosso verdadeiro bem: as horas em que não fizemos nada. São elas que nos moldam, nos individualizam, nos diferenciam (Emil Cioran).

Como inclusive passar roupa se converte em meditação

Aos afazeres do cotidiano, muitas pessoas associam estresse e tédio; elas ficam impacientes e irritadas só de pensar neles. Contudo, é justamente aí que se pode ter uma experiência totalmente diferente, ao interromper a rotina e vivenciar até mesmo um *flow*. O que faz a diferença? Inclusive uma tarefa tão rotineira como passar roupa pode ser realizada de maneira muito distinta. Também aqui aplica-se o seguinte: depende de mim.

Uma mulher me contou que, ao passar roupa, ela se sente constantemente pressionada a apresentar desempenho. Ela estipula para si um período em que tem que dar conta de passar uma pilha de roupa. E cada vez ela quer gastar menos tempo nessa atividade. Dessa maneira, entretanto, todo o período de passar roupa se converte numa carga. Ela está pressionada a concluir o mais rápido possível. Outra mulher utiliza essa atividade com um período em que pode ouvir CDs, tanto de palestras como de boa música. Ela se alegra com esse trabalho, porque pode assimilar novas ideias. E outra pessoa considera esse afazer como uma atividade meditativa. Ela se envolve inteiramente com a atividade e tem a sensação de que, ao passar roupa, é inteiramente ela mesma. Sente a si mesma e pode se desligar das preocupações e dos problemas diários. É um tempo sagrado para ela.

Karlfried Graf Dürckheim diz o seguinte: tudo o que é simples e pode ser repetido pode se converter em meditação. É uma meditação ativa, uma meditação na ação. A ação simples me proporciona quietude interior. Thich Nhat Hanh diz o seguinte: "Há duas formas de lavar louça. A primeira tem o objetivo de dispor de louça limpa, e a segunda forma consiste em lavar por lavar". Lavar louça ou cortar grama, passar roupa ou limpar a casa: é a atenção que faz com que essas atividades não me alienem, que eu repouse inteiramente em mim mesmo, que seja totalmente eu mesmo, que siga minha respiração e que tenha consciência do meu presente.

> A ação simples me proporciona quietude interior.

Passar roupa requer conhecimento, concentração e atenção. A roupa tem de ser colocada corretamente, para que fique bem passada. Tenho que prestar atenção à temperatura do ferro de passar. No entanto, quando consigo me entregar inteiramente a essa atividade porque, com base na minha experiência, ela transcorre de maneira quase rotineira e consigo esquecer de tudo ao meu redor, aí pode suceder que a noção de tempo e espaço seja eliminada e que as preocupações e a impaciência desapareçam. Aquilo que faço de forma atenta e concentrada, pode se converter num símbolo de algo mais profundo. Quando me entrego inteiramente à atividade de passar a roupa, ela pode se tornar um símbolo de que aquilo que está torto em mim fique reto, de que aquilo que está desordenado obtenha ordem. Ao passar roupa posso inclusive refletir nas palavras do Profeta Isaías: "Tudo o que é curvo seja alinhado, e tudo que é ondulado seja nivelado" (Is 40,4). Ao passar roupa, posso imaginar, portanto, que também em mim algo seja curado e fique inteiro. Também em mim algo é alisado. O termo grego *soteria* significa: eu me transformo naquilo que efetivamente sou concebido. Ao passar a camisa, a peça de roupa, a toalha de mesa, ou seja, o que for se tornam como devem ser, como corresponde a sua essência. Nesse sentido, uma atividade simples como passar a roupa pode se converter em meditação, na qual entro em contato com meu verdadeiro si-mesmo.

Espiritualidade significa, portanto: amplio minha visão. Não me esquivo da realidade da minha vida, mas, em meio ao cotidiano e a banalidade da vida, percebo o especial. Cumpro minha obrigação e exerço meu trabalho, mas não sou absorvido pelo cumprimento de obrigações externas. Dedico-me às obrigações cotidianas, às questões aparentemente triviais. Porém, ao mesmo tempo, sei que elas não são tudo, que existe ainda outra dimensão em minha vida. Identifico o sagrado no banal. Isso confere ao cotidiano um esplendor e, em meio à estreiteza do meu cotidiano, me dá amplitude, liberdade e grandeza interiores.

É preciso somente a percepção de que qualquer atitude, e exatamente aquela que sempre se repete, sabidamente contém, além de seu sentido exterior, também um sentido interior (Karlfried Graf Dürckheim).

Cozinhar com amor e sabor

Conheço mulheres, e também homens, que amam cozinhar para alegrar os convidados ou a família. Elas são inspiradas pelas receitas de outros, e gostam de experimentar algo novo e reiteradamente buscam criar um sabor surpreendente. Cozinhar as estimula a fazer experimentos. Outras pessoas gostam de cozinhar no dia a dia. O habitual lhes dá prazer. Elas têm facilidade em cozinhar. Refletem de antemão sobre o que precisam e quais os passos preparatórios a serem dados. Então, alegram-se com o que compraram e providenciaram para preparar algo bom e saboroso.

Quem cozinha não faz algo bom somente para os outros, mas também para si mesmo. O filósofo grego Epiteto sabia o seguinte: "Na refeição hospedas dois convidados, teu corpo e tua alma".

Em meio às panelas também encontramos Deus.

Desde sempre, o fogão em que se cozinha teve para as pessoas um significado mais profundo. É um símbolo de comunhão humana. Ele proporciona calor e segurança. Entre os romanos, o fogão era o lugar do espírito protetor da casa. Já o filósofo antigo Heráclito estabeleceu, por volta de 500 a.C., uma relação entre a cozinha e o divino: Quando, ao aquecer as mãos junto ao fogão, os visitantes não ousaram se aproximar, diz-se que ele falou o seguinte: "Entrem, também aqui há deuses". E atribui-se à Teresa de Ávila, grande mística cristã, a seguinte frase: "Em meio às panelas, também encontramos a Deus".

Cozinhar une, diz-se, e: o amor também passa pelo estômago. Dalai Lama talvez tivesse essa ideia em mente quando disse certa vez: "Dedica-te a amar e a cozinhar de todo o coração". Junto ao fogão, prepara-se a comida que une os membros da família, alimenta-os e fortalece-os, e os mantêm saudáveis. Nelly Sachs diz, por isso, que o fogão é um lugar a que associamos nosso anseio pelo lar, nosso anseio por amor, por aconchego, por fruição e pela alegria de viver. Ela chama o fogão e o berço de "coisa relegada pelo desejo". No dia a dia junto ao fogão, ela descobre o anseio pelo seu verdadeiro significado: pelo original, sem distorções. Na imagem do fogão ressurge o paraíso da recordação em experiências de confiança, em cheiro e gosto. Nele, encontra-se também o anseio pelo novo, que repetidamente está à disposição das pessoas através do ato de cozinhar, o qual nos renova interiormente.

Cozinhar é algo criativo. E quem cozinha bem é, à sua maneira, criativo. O abade da abadia beneditina de Tholey, Mauritius, que já foi um grande cozinheiro, certa vez foi direto ao ponto e formulou, de maneira beneditinamente simples, uma teologia da criação de orientação culinária: "Na cozinha damos respostas às dádivas de Deus".

A refeição: tempo conjunto para o essencial

A família faz suas refeições em conjunto. Ao meio-dia, nos sentamos com outros colegas de trabalho para almoçar juntos. Muitas vezes, ceiamos também com convidados. E celebramos uma festa com uma ceia festiva e, assim, transcendemos também nosso cotidiano habitual. Goethe se referiu à "satisfação celestial" em sua "canção de mesa" ao descrever a refeição comunitária. O termo alemão *Mahl* [refeição] tem a mesma raiz de *medicus* = médico. Da refeição parte algo salutar. Tiramos tempo para a refeição. Ali conversamos uns com os outros. E desfrutamos conjuntamente as boas dádivas de Deus.

> **Alegria e unidade, desfrute e comunhão, é isso que caracteriza o tempo conjunto da refeição.**

A Bíblia nos relata repetidas vezes sobre ceias importantes. Abraão convida os hóspedes para a ceia. E ele reconhece durante a refeição que se trata de anjos que Deus lhe enviou. Jesus Sirach [Eclesiástico], o sábio do Antigo Testamento, nos indica regras de comportamento durante a refeição. Não ser guloso, não monopolizar o uso da palavra, mas se envolver com a comunidade. "Os sábios louvam quem é pródigo nos banquetes, e é fiel o testemunho de sua generosidade" (Eclo 31,23). E, no final dos tempo, Deus dará um banquete festivo com todas as pessoas. Assim anuncia o Profeta Isaías (Is 25,6ss.).

No Novo Testamento, é sobretudo o Evangelista Lucas que nos conta das inúmeras ceias de Jesus. Lucas é grego e, por isso, concebe a refeição como o momento em que se filosofa e se conversa sobre o que é essencial para o ser humano. Assim, Jesus ceia com os coletores de impostos e os pecadores e lhes anuncia o que é realmente importante: que os doentes fiquem curados, que as pessoas se abram para o amor de Deus. Jesus ceia com pessoas de todas as camadas sociais: com os fariseus, com os pecadores, com seus amigos, com homens e mulheres. A refeição se torna o lugar em que ele não apenas anuncia para as pessoas o amor de Deus, mas lhes mostra corporeamente esse amor. Refeição significa comunhão. Jesus está disposto a viver em comunhão com todas as pessoas e a presenteá-las com seu amor. E ele conta do banquete de Deus, para o qual todos somos convidados. O banquete se converte em imagem da união com nós mesmos, com outras pessoas e com Deus. A refeição adquire uma dignidade mais profunda, pois Jesus a converte em imagem de seu amor, que é mais forte que a morte. E ele incumbe seus discípulos a celebrar essa ceia – a Ceia do Senhor, a Eucaristia – repetidamente, em sua memória. No pão e no vinho, Jesus oferece a si mesmo aos participantes da ceia. Eles devem viver a partir do seu amor. A ceia se torna, assim, em imagem da nova comunhão com seus discípulos. Lucas diz que os primeiros cristãos: "Partiam o pão nas casas e comiam com alegria e simplicidade de coração" (At 2,46). Algo dessa alegria e da unidade que a ceia consegue criar, deveria estar presente também nas refeições que tomamos em nosso lar.

No final dos tempos Deus celebrará um banquete com todos.

Assar: imagem de transformação interior

Minha mãe sempre gostou de assar. Nos dias festivos, havia bolos e, claro, na época natalina, biscoitos. O cheiro na cozinha era muito agradável e como crianças podíamos também petiscar a massa. Na família de minha mãe era proibido petiscar, e, por isso, ela prometeu que, quando mãe, procederia de outra maneira. Muitas mulheres depositam todo seu amor no processo de fazer assados. Preparam a massa amorosamente e a observam crescer lentamente no forno até obter a forma e a consistência certas. Na atividade de assar se encontra, portanto, a satisfação de proporcionar uma alegria à família. E na doçura do bolo ou dos biscoitos sempre está presente algo dessa alegria e desse amor. Ali sempre se expressa algo do amor que fortalece a comunhão e que faz bem não só ao corpo, mas também à alma.

Assar pão não é uma atividade voltada apenas para os dias festivos, mas também para o cotidiano. A arte não está em comer o pão, mas em assá-lo, reza o provérbio. Assar pão é algo antigo e arcaico. Assar pão é uma das habilidades mais importantes na história da humanidade, já há 6.000 anos. No passado, o pão também era assado em fornos escavados na terra – essa prática estava ligada à noção de que ali estava ativa a força da terra doadora da vida. E, ainda no século passado, os fornos se situavam no meio de um povoado e eram utilizados comunitariamente, o que também era um sinal de pertença e de comunhão.

> **Na atividade de assar pode-se identificar uma imagem de como se tornar uma bênção para os outros.**

Além disso, no processo de assar está visível uma simbologia profunda. Santo Agostinho, por exemplo, considerava o ato de assar como um símbolo para nossa vida. O que isso quer dizer? Todos somos "assados" no calor da vida como em um forno ardente. O forno é um símbolo de processos de transformação. E, frequentemente, o forno foi considerado também um símbolo do ventre feminino. Colocar o pão no forno é um símbolo do retorno à fase embrionária. E o calor simboliza morte e renascimento. Desse modo, podemos compreender o ato de assar como uma imagem de nossa transformação interior: aquilo que surge como fruto interior através do ardor da vida e do amor, é alimento para outras pessoas. Porém, como o pão, nós mesmos temos de atravessar o calor a fim de que, como a massa do pão que se converte em alimento para o outros, nos tornemos meio para a vida de outros e a fim de que, com o que foi assado em nós, nos tornemos bênção para os outros.

Deus é um forno ardente repleto de amor
(Martin Lutero).

Retornar ao lar, ao mundo que conheço

Depois do trabalho, vem o período de folga. O trabalho está feito. As questões mais urgentes foram resolvidas. A gente se sente livre e pode descansar. Para muitas pessoas, é essa a parte mais bela do dia. Alegram-se com o retorno ao lar e porque têm em sua própria residência um lugar em que se sentem em casa e protegidas. Ali não precisam desempenhar nenhum papel. E alguém as espera.

No entanto, algumas pessoas também têm medo de chegar em casa. Os solteiros se sentem sozinhos em sua residência. Ninguém está a sua espera. Muitas vezes, eles se alegram porque, enfim, estão sozinhos e não têm que reagir aos desejos e às exigências de outros. No entanto, às vezes, a solidão se torna um tormento. Já outros voltam para casa com o coração inquieto. Não retornam a um lar tranquilo. À sua espera está um parceiro insatisfeito ou pais ou filhos doentes, que passam por dificuldades.

Para que a volta para casa tenha êxito, é preciso uma despedida consciente do trabalho. E é preciso uma meditação prévia: agora vou conscientemente para casa. Sei que o que me espera me faz bem. Inclusive quando me desafia, afinal é o meu próprio mundo, ao qual retorno. É o meu mundo que conheço e moldo. Aqui posso ser eu mesmo. E ainda que me depare com conflitos, posso aceitá-los como um bom desafio para crescer interiormente.

Um lar não se origina somente da harmonia na família ou da beleza da residência. A língua alemã associa *Heimat* [lar, pátria] com *Geheimnis* [mistério, segredo]. Só posso estar em casa onde se encontra o mistério. E, desse modo, é bom me abrir para o mistério que me espera em casa, para o mistério do amor, que nos une uns aos outros. Quando sei do mistério de Deus que habita nossa casa com sua bênção, posso também me sentir em casa quando conflitos perturbam o bom sentimento de harmonia e paz. O mistério nos envolve também quando, em alguma ocasião, não nos entendemos tão bem.

> **Para que a volta para casa dê certo é preciso uma despedida consciente do trabalho.**

Nos cursos de liderança, quando conto sobre essa maneira de voltar para casa, muitas vezes surgem os seguinte comentários: Sim, isso seria ótimo. Mas tenho de estar constantemente acessível também em casa. Não posso me dedicar inteiramente à minha família, pois sempre já vivo na expectativa de receber alguma ligação da empresa. Atualmente, esse é certamente um problema que afeta muitas pessoas. E as empresas deveriam refletir bem sobre como proteger os períodos em que seus funcionários permanecem em casa. Contudo, também eu mesmo, apesar de estar acessível, posso me exercitar a viver o momento presente. Pois, justamente agora, neste momento, meu telefone não está tocando. E, agora, posso me dedicar inteiramente à minha família, concentrar-me totalmente à refeição e à conversa em conjunto.

Sem o fim do expediente a vida está tão distante da felicidade como a vida de uma abelha operária do voo de acasalamento de uma abelha rainha (Karlheinz Geissler).

Ir dormir e esquecer o dia

Muitos se alegram em ir para a cama à noite. No entanto, muitos simplesmente não conseguem ir dormir cedo o suficiente. Eles ainda têm tantas coisas para resolver. Então, em algum momento caem na cama cansados e não conseguem adormecer, pois ainda continuam ocupados interiormente com tantas coisas. Outros não conseguem repousar, pois ficam pensando em oportunidades perdidas e continuamente se censuram por causa de alguma coisa: "Se eu tivesse tomado outra decisão... Se tivesse sido mais sensível e amável na conversa com a filha, com o filho, com a companheira... Se não tivesse dito essa ou aquela palavra..."

O importante é repousar à noite. Matthias Claudius, na segunda estrofe de sua famosa canção do anoitecer, vocaliza o silêncio:

> O mundo é tão silencioso
> E envolto no crepúsculo
> Tão familiar e tão amável!
> Como uma câmara silenciosa
> Onde a sua aflição do dia
> Deve adormecer e esquecer.

O silêncio da noite faz bem para as pessoas. Aí se esvai o ruído do dia. E, no silêncio, elas também conseguem se esquecer de todas as suas aflições. As preocupações do dia são silenciadas. Preciso apenas ouvir o silêncio da noite, e aí também em mim tudo ficará em silêncio. Somente quando encontramos a quietude interior e exterior, vivenciamos a quietude como bênção. Somente aí é que, no silêncio, entramos em contato com nossa alma. E, então, esquecemos "as aflições do dia", somente agora é que nosso alma se sente em casa.

Dia e noite são a medida de nosso tempo natural. No mosteiro temos uma rotina clara. Levantamos cedo e vamos dormir no devido tempo. A noite é um momento de silêncio protegido. A tradição monástica menciona o *silentium nocturnum*, o silêncio noturno, que é protegido por regras claras. Depois das Completas, normalmente os monges não falam mais entre si. Cada um se prepara para a noite.

A noite se destina ao repouso, quando eu mesmo posso me soltar e me deixar cair nos braços amorosos de Deus.

A noite também tem sua própria qualidade. Ela transmite algo do ventre acolhedor e fecundo. E é, ao mesmo tempo, imagem da escuridão misteriosa. Para os monges, a noite é sempre um tempo espiritual. Eles conhecem a vigília, a oração da vigília noturna. A noite proporciona um silêncio, uma quietude maior. E rezar à noite, frequentemente nos aproxima de Deus.

Rituais são úteis. Também o ato de ir dormir precisa de um formato fixo. Um bom ritual poderia ser ficar parado diante da cama e abrir as mãos em forma de concha. Com esse gesto, ofereço o dia a Deus. Renuncio a todo "teria" ou "seria". O dia é como é. E eu não posso mais mudá-lo. Mas posso confiar que Deus transforma em bênção o dia que passou, que Deus transforma em bênção a conversa que não foi bem-sucedida e as palavras que não foram ditas. Isso me faz largar o dia. Entrego-o a Deus e o solto para dentro de seu amor. As mãos em forma de concha são, porém, uma imagem para a cama em que agora vou me deitar. Na cama vou me abrigar nas mãos amorosas de Deus. Isso me tira o medo de uma noite insone. Não importa se eu adormecer de imediato ou permanecer mais tempo acordado, estou seguro nas mãos amorosas de Deus. Isso me tranquiliza e relaxa. E não é mais tão importante se durmo ou não. A noite é destinada ao repouso, pois eu mesmo consigo me soltar nos braços amorosos de Deus que me envolvem. No sono, posso me tornar uma criança, que simplesmente se deixa cair nos braços amorosos de Deus.

Quem não prestigia a noite não é digno do dia
(Provérbio italiano).

3
Do maravilhoso no óbvio
O que dá sentido à vida

Fazemos muitas coisas naturalmente. Respiramos, andamos, ficamos de pé e sentamos. Muitas vezes, não pensamos sobre isso, pois é algo que sucede de forma automática. Tudo, porém, que acontece no corpo pode se converter em símbolo de algo mais. Quando, através dos escritos de Graf Dürckheim, prestei atenção à força transformadora do corpo, consultei uma concordância bíblica para ver o que encontrava respectivamente nas palavras-chave "respirar", "sentar", "ficar de pé" e "andar". Ao ler essas passagens, descobri que a Bíblia desenvolve uma teologia própria do sentar, do ficar em pé, do andar e do respirar. Quem medita sobre os diversos enunciados bíblicos concluirá que: todas essas atividades naturais têm um significado mais profundo e seu próprio sentido. Ele consiste em que elas nos levam, em última instância, ao mistério de nossa condição humana. Mas também o mistério de nossa relação com Deus fica claro quando prestamos atenção à maneira como ficamos de pé diante de Deus, sentamos diante dele, andamos diante dele e como, em nossa respiração, percebemos o próprio fôlego de Deus.

Não é somente a Bíblia que desenvolve uma teologia própria dos atos de ficar de pé, sentar, andar e respirar. Precisamos apenas ouvir nossa linguagem. Então, reconhecemos que todas essas atividades sempre trazem em si um significado mais profundo. O termo alemão *stehen* [ficar de pé] está presente em muitas expressões.

Quem se sente reconhecido, pode defender-se [*zu sich stehen*], pode responder por si [*für sich einstehen*]. Quando alguém me apoia [*beisteht*], posso ficar de pé na posição vertical [*aufrechter stehen*]. Do mesmo modo, há muitas expressões com andar [*gehen*]. Sinto-me "ignorado" ["*übergangen*"]. Ou alguém é absorvido [*geht auf*] pelo trabalho. Ou seja: ele perde a si mesmo. Toda ação – assim nos diz a língua alemã – se torna imagem de atitudes e experiências essenciais no caminho que leva para a nossa humanização.

Respirar no ritmo da vida

Todos respiramos. Respirar é viver. Com o primeiro choro do recém-nascido, a vida tem início, e após a última respiração ocorre a morte. Apesar disso: também conhecemos diferenças. Há pessoas com dificuldade de respirar que provocam sobressaltos ao seu redor – ou pessoas que respiram de maneira totalmente quieta e irradiam serenidade. A respiração é um barômetro para o estado interior do ser humano. Quem respira de modo inquieto, quem mal consegue puxar o ar, mostra com isso sua inquietude interior: Ele não está consigo mesmo. Por outro lado, a respiração é também um instrumento de transformação. Quando conscientemente respiramos quietos, nos aquietamos. E quando, ao receber uma crítica de fora, primeiro respiramos profundamente, entramos em contato conosco mesmos e não permitimos que nossa reação seja determinada de fora, mas respondemos a partir de nosso centro.

> Na respiração nos sentimos unidos a todas as pessoas e a todos os animais; sim, a toda a criação.

Karlfried Graf Dürckheim nos ensinou a respirar corretamente por ocasião da meditação. Seu conselho: Não se trata de mudar artificialmente a respiração. Devemos apenas ficar atentos para expirar calmamente e soltar tudo o que nos mantém ocupados: pensamentos, tensões e conflitos. E ao inspirar devemos deixar fluir em nós o novo, o Espírito de Deus. O momento mais importante, porém, assim ele nos ensina, é aquele entre a expiração e a inspiração: um momento de quietude absoluta, de liberação absoluta. Soltamos ali nossa própria ação. Quando as pessoas ainda querem controlar sua respiração, elas distorcem seu significado. Pois nesse caso se trata de deixar-acontecer e não de fazer.

A segunda história da criação nos conta que Deus moldou o ser humano da terra de cultivo. E ele "soprou-lhe nas narinas o sopro da vida" (Gn 2,7). Na respiração, inspiramos, portanto, o sopro da vida de Deus. O Novo Testamento designa o Espírito Santo de fôlego de Deus. Na respiração, inspiramos, portanto, o Espírito Santo em nós. Ou, como expressou certa vez o poeta persa Rumi: "Na respiração, a fragrância do amor divino flui em nós". Quando estamos conscientes disso cada vez que respiramos, não se trata apenas de obter ar o suficiente. Antes, na respiração experimentamos que o amor de Deus nos permeia totalmente. A psicologia reconheceu de forma original o significado da respiração. Ele se refere à respiração de cura. Quando imaginamos, por exemplo, que na respiração o amor curador de Deus flui em todas as dimensões de nosso corpo, também sentiremos o nosso corpo de outra forma: semelhante exercício de liberação nos livra de tensões. Estamos, então, plenos do amor curador de Deus.

A Bíblia nos relata ainda algo diferente sobre a respiração: "Ambos (ser humano e animal) têm o mesmo sopro" (Ecl 3,19). Na respiração nos sentimos unidos com todas as pessoas, bem como com todos os animais, enfim, com toda a criação.

É claro que não podemos a cada respiração pensar em todos os significados que a tradição espiritual relaciona com ela. Mas nos faz bem respirar conscientemente. Justamente quando nos sentimos inquietos ou quando estamos em reuniões importantes ou sob estresse, ajuda-nos prestar atenção à respiração e deixar a respiração fluir mais tranquilamente. Aí também ficamos mais tranquilos. Sentimos a nós mesmos e não nos deixamos determinar de fora.

> *Duas graças há no respirar: inspirar o ar e dele se livrar. Inspirar constrange, expirar liberta. Tão linda é feita da vida uma mescla. Agradece a Deus quando Ele te aperta e agradece de novo quando te liberta* (Johann Wolfgang von Goethe).

Andar pode se converter em exercício

"Como andas?", perguntamos a alguém – e nos referimos com isso realmente a sua situação geral. Andar faz parte de nós, de forma profunda. E como o fazemos, diz algo mais profundo. Um antigo adágio de peregrino diz o seguinte: "Mostra-me como andas e te direi como estás".

Andar faz parte do cotidiano. Andamos diariamente pelo menos alguns passos. Andamos no apartamento de um cômodo para o outro. Saímos para fazer compras. Andamos para o trabalho. E saímos caminhando para passear. Nas férias, ousamos caminhadas maiores. Aí temos tempo e não temos um objetivo imediato e atual. Andamos através de belas paisagens, apreciamos a vista, deixamos o olhar se estender na imensidão. Podemos simplesmente andejar pelos caminhos de forma inconsciente, mais ou menos desatenta. Ou podemos refletir conscientemente sobre nosso andar. Quando estou inteiramente concentrado no andar, identifico um elemento essencial sobre a minha condição humana: Ao andar descarto algo do passado. Deixo para trás o que pretendia me deter. Entro cada vez mais na minha forma singular. Mesmo algo habitual como o andar pode se converter em um exercício.

> **Ao andar deixo para trás o que pretende me deter.**

Um exercício de andar pode tornar isso consciente: no início da caminhada, imagina que soltas todos os fios que te seguram pelas costas. Talvez sejam antigos hábitos a que estás apegado. Ou se trata de vínculos com pessoas que não te fazem bem, ou relações de dependência de situações ou de pessoas. Anda para a liberdade. Então tem o seguinte sentimento: Ando meu caminho, erguido e em liberdade. E presto atenção a cada passo. Pisas a terra e te libertas dela novamente. Continuas sempre em movimento. Toma isso como símbolo de que estás sempre andando no caminho da transformação, de que em cada momento algo muda em ti, de que tu sempre precisas continuar a trilhar o teu caminho interior, a tua vereda espiritual e humana. Não podes ficar parado. Parar iria te enrijecer. Trilhar teu caminho interior é o que te mantém vivo.

E torne também consciente o seguinte: ando sempre em direção a um objetivo. Novalis expressa isso em uma bela frase: "Para onde andamos, afinal? – Sempre para casa!"

Quando considero esses aspectos meu andar se torna uma experiência espiritual – e com isso me insiro na tradição bíblica da arte de viver. Na Bíblia, que frequentemente toma suas sabedorias da vida contidiana, há muitos textos relacionados com o andar. Quando refletimos nelas andando, também nosso andar se torna mais intenso. Devemos "andar pelos caminhos do Senhor" (Dt 8,6) e "caminhar à luz do Senhor" (Is 2,5). Andamos pelos nossos caminhos com e diante de Deus. E Deus anda conosco pelos nossos caminhos. Ele promete àquele que trilha caminhos difíceis: "Se tiveres de passar pela água, estarei a teu lado, se tiveres de varar rios, eles não te submergirão. Se andares pelo fogo, não serás chamuscado, e as labaredas não te queimarão" (Is 43,2). Nosso andar está, portanto, sob a proteção e a bênção de Deus.

No entanto, andamos também com outras pessoas. No livro do Profeta Amós, podemos ler o seguinte: "Caminham duas pessoas juntas, sem que antes tenham combinado?" (Am 3,3). Caminhar junto pode ser uma boa maneira de se entender, de estar de acordo, de se aproximar na visão de mundo. Conflitos podem se solucionar quando nos colocamos conjuntamente a caminho.

Confia que teu caminho te conduz para a vida.

Às vezes, pego uma palavra-caminho da Bíblia, quando conscientemente ando lentamente por um caminho. Viviencio meu andar de maneira nova quando digo para mim: "Alargaste os meus passos e meus tornozelos não vacilaram" (Sl 18,37). À luz desse versículo, vivencio e sinto algo da imensidão e da liberdade em que entro ao andar. Ou ao andar medito sobre este versículo maravilhoso: "Pois aos meus anjos dará ordens a respeito, para que te guardem em todos os teus caminhos. Eles te levarão nas mãos, para que teu pé não tropece numa pedra" (Sl 91,11s.). Ou digo para mim mesmo: "Ainda que eu ande por um vale de espessas trevas, não temo mal algum, porque tu estás comigo" (Sl 23,4). Quando internalizo essas antigas palavras, sinto-me abrigado e protegido em meus caminhos. E isso fortalece em mim a confiança de que meu caminho me levará para a vida.

Uma sugestão: durante as férias, podes andar por um tempo, de modo bem consciente, refletindo sobre um versículo bíblico desse tipo. Ao meditar sobre ele, descobrirás o que significa andar, ou seja, que, também durante uma atividade tão cotidiana e simples, podes fazer uma profunda experiência de fé: a experiência de que todos os teus caminhos são guardados por Deus, de que Deus anda contigo e te conduz por um caminho que desemboca em vivacidade, liberdade, amor e paz sempre maiores.

Quando ando atentamente sinto de maneira intensa minha ligação profunda com a terra e minha responsabilidade por ela (Thich Nhat Hanh).

Ficar de pé como uma postura consciente

Repetidas vezes, ficamos de pé durante o dia. Ficamos de pé, por exemplo, numa parada de ônubus. Ficamos de pé no ônibus. E ficamos de pé na missa durante a leitura do Evangelho ou durante a oração do Pai-nosso. Muitas vezes, ficamos de pé simplesmente sem refletir sobre nossa postura. Nesse sentido, ficar de pé é uma postura que – quando a fazemos conscientemente – pode ter um significado profundo.

> Nosso próprio ato de ficar de pé deve cada vez mais nos levar a defender nossa posição e não cair quando alguém expressa outra opinião, que cada um responda por si e permaneça firme na fé.

Na Bíblia, o ato de ficar de pé tem, de fato, um significado mais profundo. Nela se fala que estamos de pé diante do Senhor (Dt 18,7). O Profeta Isaías entende a postura de ficar de pé como um ato de fé: quem crê tem uma nova postura. Assim, consta em Is 7,9: "Se não o crerdes, não vos mantereis firmes". Paulus exorta os cristãos: "Permanecei firmes na fé!" (1Cor 16,13). Ou: "perseverai firmes no Senhor!" (Fl 4,1). Quem fica ereto, faz frente às pessoas, aos conflitos, à vida. Ao homem com a mão ressequida, que se ajusta e permanece no papel de espectador para não queimar os dedos, Jesus diz: "Levanta-te e fica de pé aqui no meio!" (Lc 6,8). Jesus o desafia a enfrentar a vida, ficar de pé diante das outras pessoas, mostrar firmeza. E ele deve se levantar de modo a ficar de pé no seu centro.

Paulo também trabalha com a antítese entre ficar de pé e cair. Assim, ele exorta do cristãos em 1Cor 10,12: "Assim, pois, aquele que acredita estar em pé cuide que não caia". E aos cristãos que dirigem os outros, Paulo diz: "É para seu patrão que ele cai ou fica em pé. Mas ele ficará em pé, pois poderoso é o Senhor para sustentá-lo" (Rm 14,4). É o próprio Cristo que nos fortalece para que fiquemos de pé e não caiamos.

No alemão, utiliza-se com frequência a expressão *das Stehen* [o ato de ficar de pé] inclusive para fazer referência a uma pessoa que tem autoconfiança e estabilidade. Dizemos: Eu me defendo. Eu respondo por mim. Tenho firmeza. Tenho uma posição. Como ficamos de pé, diz algo sobre nós: quem fica de pé totalmente retraído expressa que tem problemas em se defender e mostrar "firmeza". Quem fica de pé com as pernas abertas quer se impor com sua postura. Contudo, nessa posição, pode facilmente cair. A postura correta de ficar em pé corresponde ao ficar em pé de uma árvore. A árvore está profundamente enraizada. Repousa em si mesma. Mas não fica em pé como uma coluna de concreto. Ela pode se movimentar levemente ao vento, sem cair. E a árvore fica em pé na posição vertical. Ela desenvolve sua copa em direção ao céu. Também essa é uma bela imagem para o ser humano. Somos pessoas firmemente enraizadas na terra. Mas ao ficarmos de pé nos abrimos também para o céu, assim como a árvore abre sua copa rumo ao céu.

Você pode exercitar também conscientemente o ato de ficar de pé: fique ereto e se enraize bem. Aí você pode recitar o versículo dos Salmos: "Descarrega teu fardo sobre o Senhor, e ele te sustentará!" (Sl 55,23). Então você sentirá que pode ficar de pé melhor quando entregar a Deus todas as suas preocupações. Ou recite outro versículo dos Salmos: "Tenho sempre o Senhor ante meus olhos; porque ele está à minha direita, não vacilarei" (Sl 16,8). Aí você sente que o simples ato de ficar de pé durante o dia pode se converter perfeitamente num exercício de viver de maneira mais consciente e imaginar o que significa crer: perseverar na fé, ter um fundamento sólido sobre o qual posso permanecer de pé firmemente. Nos Salmos, Deus é designado, repetidamente, de rocha sobre a qual posso permanecer de pé firmemente. Nosso próprio ato de ficar de pé deve cada vez mais nos conduzir a defendermos nossa posição e não cair quando alguém expressa outra opinião, que cada um responda por si e permaneça firme na fé.

Mostra-me como ficas de pé e te direi como estás (Provérbio).

Sentar-se: não se deixar ocupar

Nós nos sentamos diante do nosso computador. Sentamo-nos no escritório e atendemos as ligações telefônicas. Sentamo-nos no trem ou no carro. Sentamo-nos ao comer, e sentamo-nos à noite diante da televisão. As pessoas se queixam que de tanto se sentarem não nos movimentamos mais. No entanto, sentar-se também tem algo positivo. Também a Bíblia vê isso assim.

No livro do Profeta Miqueias lemos o seguinte: "Cada qual ficará sentado debaixo de sua vinha e de sua figueira e ninguém o inquietará" (Mq 4,4). Aqui o ato de sentar-se é uma imagem de paz e de quietude. Você mesmo pode testar isso simplesmente sentando-se num banco e desfrutando a paz ao seu redor. Ao ouvir o gorjear dos pássaros, o assobiar do vento e simplesmente ver a paisagem, você pode obter uma impressão do significado original do ato de sentar-se: sentar-se e repousar em paz. Nesse ato de sentar-se em paz, você lê um livro. Ou você se senta para refletir. No ato de sentar-se, você está inteiramente consigo mesmo. Do termo alemão *sitzen* [sentar-se] faz parte também o termo *Nest* [ninho]. *Nest* significa originalmente: *Niedersetzung* [assentamento]. Quando você está sentado tão confortavelmente, pode se sentir como um pássaro no ninho. Você sente aconchego e proteção.

Faz parte do significado do ato de sentar-se também o sentar-se em silêncio, o sentar-se por ocasião da meditação: Sento quieto, calado e entre em contato com o espaço interior da quietude. Na meditação zen, há orientações precisas de como se sentar: ereto e com o joelhos abaixo da bacia. Geralmente, a gente se senta sobre uma almofada ou um tamborete mais baixo. Na tradição cristã, não há indicações precisas, mas há duas belas imagens para isso. O monge, consta, deve se sentar como um timoneiro no navio. O navio que é jogado de um lado para o outro pelas ondas é uma imagem para a inquietude interior. O monge está sentado, portanto, em meio às ameaças da profundeza do inconsciente, em meio às turbulências do cotidiano. Mas ao estar sentado ele não entra em pânico. Ele enfrenta a inquietude. A outra imagem: o monge deve se sentar como se estivesse sobre um tigre. Ele se senta sobre um animal selvagem, sobre as paixões que o ameaçam. Ele se senta sobre elas para cavalgá-las, para utilizá-las em seu proveito. Ele se senta sobre as paixões, sem estar possuído por elas.

Ao estar sentado, às vezes endireite-se conscientemente. Então você perceberá

sua própria dignidade e não será ocupado internamente por outros poderes.

Na Bíblia, sentar-se tem ainda outros significados: Sentar-se pode ser um gesto de lamentação. Jó senta-se nas cinzas e lamenta seu destino. No Sl 137,1 consta o seguinte: "Junto aos rios da Babilônia, sentamo-nos a chorar". E nas Lamentações: "Ficou só e calado, quando o Senhor sobre ele o impõe" (Lm 3,28).

No entanto, há também um significado positivo e esperançoso: sentar-se significa também sentar-se num trono. Jesus prometeu a seus discípulos: "Vos assentareis em doze tronos para governar as doze tribos de Israel" (Mt 19,28). Podemos exercitar esse sentar-se na igreja também durante a missa. Quando, por exemplo, sentamo-nos para as leituras, podemos imaginar: estou sentado num trono. Não sou dominado pelas minhas necessidades e paixões, mas governo a mim mesmo. No meu trono tenho parte em Jesus Cristo, do qual também consta que está sentado no trono (Ap 5,13). Ao mesmo tempo, essa forma de sentar-se também é um atitude de refletir e de escutar: "Maria estava sentada aos pés do Senhor e escutava a sua palavra" (Lc 10,39). Ao me sentar estou inteiramente voltado a escutar. E ao ouvir as palavras de Deus, percebo minha dignidade régia.

Quando estamos sentados no cotidiano, podemos adotar essa atitude de forma mais consciente: como uma atitude de escuta, de recolhimento, de paz interior, de desfrute, bem como uma atitude de estar sentado num trono. Ao estar sentado, às vezes, endireite-se conscientemente. Então você perceberá sua própria dignidade. E não será ocupado internamente por outros poderes. Você mesmo terá o poder sobre si.

Comer e beber: atento e com prazer

Comer e beber são atividades essenciais do ser humano. Como diz o provérbio, mantêm "corpo e alma unidos". Sem comer e beber não sobrevivemos. No entanto, podemos moldar esses atos de forma bastante diferenciada. Algumas pessoas respondem seus e-mails enquanto comem seu pão com manteiga ou seu sanduíche. Outras têm fome e querem simplesmente ficar saciadas o mais rápido possível. E ainda outras, ao comer e beber, entopem seu vazio interior. Ao beber, simplesmente derramam algo em seu interior para matar a sede ou porque imaginam que o corpo precisa apenas de líquido.

> Quem come conscientemente, desfruta o que come. Pessoas gananciosas não desfrutam.

Também para comer e beber se aplica o seguinte: podemos realizar conscientemente o que fazemos no cotidiano. Nós, monges, comemos em silêncio, enquanto escutamos a leitura à mesa. Inclusive nos cursos de meditação, convidamos os participantes a comer em silêncio. Para muitas pessoas, isso é uma experiência nova, da qual gostam. Elas estão completamente envolvidas em comer, mastigar, degustar. Desfrutam cada mordida, tiram tempo para apreciar o que comem.

Tradicionalmente, as pessoas iniciam suas refeições com uma oração ou uma bênção. Elas têm a noção de que nos alimentos devemos desfrutar as boas dádivas de Deus e de que Deus quer o nosso bem. A bênção de mesa quer nos convidar a comer atentamente e, em cada mastigação, perceber o mistério de que algo alheio é ingerido, que a comida em nossa boca e, então, em nosso estômago, é transformada em algo próprio, em algo que que nos fortalece e mantêm saudáveis. A breve pausa antes da refeição nos dá uma noção disso. Quem come conscientemente desfruta o que come. Pessoas gananciosas, que apenas engolem tudo, não percebem o mistério que podemos descobrir quando nos tornamos conscientes da quantidade de pessoas que estão envolvidas para que possamos desfrutar aquilo que chega à nossa mesa. Isso nos conecta também a todas as pessoas que prepararam, colheram, processaram ou cozinharam aquilo que comemos ou bebemos. Liga-nos também à criação, cujas dádivas apreciamos, e expressa nossa gratidão. Uma atitude desse tipo, que encontramos também em outras religiões, nos faz bem. Comer e beber é mais do que a ingestão de calorias ou um mero ato de encher a barriga. É sempre algo salutar, algo que nos faz saudáveis, que fortalece nossa solidariedade e, assim, dá força ao nosso cotidiano, refrigera-nos e motiva.

Sentir o sabor: perceber e desfrutar o que é bom

Saborear como forma especial de percepção sensorial e de desfrute também pode ser uma experiência em que nos abrimos para a transcendência. O escritor francês Marcel Proust, ao comer um bolo, fez uma experiência mística: "No instante em que o gole de chá misturado ao gosto do bolo tocou meu paladar, estremeci e estava como que fascinado por algo inusitado que sucedeu em mim. Um incrível sentimento de felicidade, que subsistia por si só e cujo motivo me permaneceu desconhecido, fluiu através de mim". Marcel Proust prova algo do mistério do ser. Podemos até afirmar o seguinte: ele sentiu o sabor de Deus. E esse sabor mudou sua vida: "Parei de me sentir medíocre, acidental, mortal". Ele não experimentou a Deus diretamente. Contudo, enquanto estava inteiramente voltado a saborear o bolo, provou algo do *dulcedo* = da *doçura* de Deus, sentiu e anteviu uma qualidade de Deus.

Do ato de saborear faz parte também o de sentir o cheiro; também este é um sentido emocional. Ao sentirem certos cheiros, as pessoas se recordam de experiências importantes de sua infância. E nas missas utilizamos incenso para sentir o cheiro de Deus. Sentir o sabor também é um sentido de êxtase: "Tuas carícias são mais deliciosas que o vinho", consta em Ct 4,10.

Segundo os romanos, a sabedoria surge da maneira correta de saborear (*sapientia* vem de *sapere* = saborear). Sábia é a pessoa que sente o próprio sabor e que, por isso, deixa um sabor agradável nas outras pessoas. Após uma conversa superficial ficamos com um gosto desagradável na boca, enquanto que uma conversa bem-sucedida deixa um gosto bom. E há pessoas por quem temos gosto, ou seja, elas nos fazem bem. Qual é o segredo de uma pessoa por quem temos gosto? Pelo visto, nela transparece algo que nos é familiar, que nos evoca uma lembrança agradável. Mas talvez tenhamos gosto pela pessoa por algo do amor que flui através dela. E é somente por alguém que desfruta de si mesma que, em última análise, teremos gosto. Conhecemos o provérbio: quem não consegue desfrutar, torna-se intragável. Ele está sempre insatisfeito e transmite essa insatisfação também exteriormente. Nós nos afastamos de alguém assim. Ele corrompe o prazer na própria vida, bem como o prazer no belo que Deus nos oferece.

> **Algo do mistério do ser pode se revelar para nós no sabor das coisas.**

Ler é viver

Algumas pessoas me contam que ler de manhã faz parte de seus rituais fixos. Ler algumas páginas de um livro funciona, para elas, como um alimento. Com as ideias que encontraram nele, elas entram no dia de maneira completamente diferente. Ler as transforma, abre seus olhos, propicia-lhes um novo olhar para a vida. Coloca-as em contato com um saber mais profundo e com a confiança que está disponível em sua alma, da qual, porém, às vezes se sentem separadas.

Outros se queixam e pensam: "Sim, leio muito. Mas minha vida não muda. Sequer consigo cumprir e realizar tudo o que leio". Mas não é disso que se trata quando lemos: que recebamos continuamente novos conselhos de como devemos modificar nossa vida. Na minha opinião, ler é uma imersão em outro mundo. E essa imersão já é um ato terapêutico: um ato que me transforma de maneira completamente especial. Pois ler me fortalece interiormente e enriquece meu espírito de uma forma inteiramente peculiar. Diferentemente do que ocorre no caso de um meio técnico, da televisão, por exemplo, o decorrer do tempo não é determinado pela técnica, mas por mim. Nesse caso, eu controlo o tempo, pois posso me deter numa passagem que me interessa, posso ignorar outros trechos e relacionar o que li com minhas próprias ideias e assim aprofundá-lo. Isso não só requer, mas possibilita e fortalece inclusive a concentração, estimula a fantasia e inspira o desenvolvimento de forças criadoras.

Ao ler um livro, sempre me sinto confortavelmente numa poltrona. Ler um livro não é, para mim, um estudo que realizo junto à escrivaninha. Antes, permito-me uma postura confortável em que posso apreciar a leitura. Então, leio não para obter novas informações, nem para multiplicar meu conhecimento. Leio para tomar parte no mundo de outras pessoas e aí vivenciar e sentir a mim mesmo de maneira renovada.

> **Ao ler imergimos em outros mundos e nos familiarizamos com as experiências e ideias dos outros.**

Às vezes, leio textos antigos, por exemplo, os escritos dos Padres da Igreja, que viveram num mundo e numa época bem diferentes. Faço uma imerção em seus pensamentos, em sua visão da realidade. Porém, ao imergir em seu mundo, entro em contato com novas dimensões de minha própria alma. Sinto as possibilidades que estão disponíveis na minha alma. Entro em contato com essa riqueza interior. E, com isso, obtenho uma nova visão de minha vida, das minhas dúvidas, da minha própria busca. A leitura por si só já transforma e enriquece.

A poetisa canadense Margaret Atwood, ao ser agraciada com o Prêmio da Paz das livrarias alemãs, disse: "Escritor, livro e leitor – nessa tríade, o livro representa o mensageiro. E todos os três são parte de um ato de criação; de modo semelhante, compositor, membro da orquestra e ouvinte participam do ato criador. O leitor é o músico do livro".

Pode-se comparar a leitura não só com a ação criadora do músico, mas também com o caminho espiritual do peregrino. Nos *Relatos de um peregrino russo*, o célebre livro da mística ortodoxa russa, um monge trilha o caminho da pereginação. Em sua bolsa, tem só pão seco e livros. Peregrinar, assim como ler, significa, portanto, estar a caminho e se expor às experiências de outros, livrar-se das fixações, e também se transformar interiormente.

> **A leitura livre de propósito sempre já é espiritual.**

É claro que isso não se aplica somente a textos espirituais. No entanto, esse tipo de leitura tem uma longa tradição no contexto espiritual. Por exemplo, essa era a prática dos monges quando se referiam a *lectio divina*. Com isso, fazem menção à leitura atenta da Bíblia. Leem a Bíblia não para ampliar seu conhecimento teológico e tampouco para satisfazer sua curiosidade. Querem, antes, conhecer quem eles mesmos são. E, ao ler, querem descobrir o coração de Deus na sua palavra. É claro que isso se aplica não só à leitura da Bíblia. Queremos, em última instância, conhecer não só o mundo das ideias do outro, mas também entrar em contato com o coração do autor, para assim poder sentir o próprio coração de maneira renovada. E em todas as palavras que lemos, ressoa, em última instância, também o mistério do ser humano que vai além desse mundo, que está aberto para a transcendência.

Palavras podem me alimentar. Depois de ler, sinto-me diferente: fortalecido, liberto da pressão de ter que me impor, de ter que sempre realizar algo. Eu renuncio a mim mesmo. Ao ler, confio nas experiências e ideias de outros e me liberto do isolamento. Ao ler, permito-me simplesmente ser e imaginar o mistério do ser puro. Essa leitura desprovida de propósito e intenção já é, portanto, por si, vida. E é sempre também um ato espiritual, independentemente da maneira que, após a leitura, vivo meu cotidiano. Não o faço com a intenção ou o propósito de mudar minha vida. Mas devo sim esperar que tranforme meu cotidiano.

> *Todo leitor é, ao ler, um leitor somente de seu si-mesmo* (Marcel Proust).

Escutar com o ouvido do coração

Diante de tanto ruído a que constantemente estamos expostos, corremos o perigo de desaprender de ouvir. Muitas vezes, percebemos nosso entorno apenas como um ruído de fundo. E, com frequência, deixamos de ouvir intencionalmente, simplesmente desligamos. Ouvir é, porém, um sentido ativo, emocional. Ele quer nos dar parte naquele que nos fala. Ouvimos palavras, mas também a voz e o espírito que chega a nós na voz de quem fala. A partir das palavras ouvimos a intenção, sentimos proximidade ou distância, amor ou frieza, compreensão ou relutância. Para que a comunicação dê certo, é preciso, portanto, escutar bem não só as palavras, mas também as tonalidades, a intenção, a sensibilidade emocional daquele que fala. Muitas conversas fracassam, porque não sabemos ouvir e captar nas palavras do outro o novo que talvez nos fizesse avançar.

Martin Heidegger é da seguinte opinião: "Ouvir leva à proteção". No entanto, isso se aplica apenas para uma audição autêntica, que ouve não só com o ouvido, mas também com o coração. A audição é um sentido receptor. Na audição, o mundo penetra em nós. Mas a audição leva, ao mesmo tempo, para além desse mundo. É sempre também um sentido transcendente. Vai além desse mundo. Ouvimos sempre o inescutável. Ouvimos o intangível, inconcebível, imutável, eterno – afirma o compositor Josef Matthias Hauer.

Ouvir de maneira efetiva pode me transformar.

Ouvir atentamente significa: direcionar seu sentido inteiramente para algo, observar precisamente algo, estar atento, ouvir com ouvidos alertas. Quando sou "todo ouvidos" para os outros, escuto atentamente aquele que fala comigo, ouço não só suas palavras. Ouço a própria pessoa, percebo-a, sinto suas emoções. E quando em minha propenção dou-lhe ressonância, ouço ao mesmo tempo a mim mesmo, aos impulsos interiores que a outra pessoa desencadeia em mim. As palavras do outro abrem em mim um espaço em que posso vivenciar a mim mesmo de outra maneira. Muitas pessoas ouvem apenas o que querem. Elas evitam ouvir críticas e levam em conta somente as palavras que as confirmam. Porém, isso não é ouvir de maneira efetiva. Ouvir quer me transformar. Ao ouvir, abro-me para o estranho, para o que quer ecoar em mim. E me abro também para a diversidade de tons que querem ressoar em minha própria alma. Aí sinto-me relacionado não só com quem me aborda. Sinto também que tudo o que, na audição, ecoa em mim faz parte de mim. E me coloca em contato com a riqueza interior da minha alma.

São Bento inicia sua Regra, como sabemos, com as palavras: "Escuta, filho, os preceitos do Mestre, e inclina o ouvido do teu coração; recebe de boa vontade e executa eficazmente o conselho de um bom pai" (RB, Prólogo). O monge deve, portanto, ser essencialmente alguém que ouve, que escuta. Ele deve ouvir a palavra de Jesus. Isso é válido para todos nós: Escutar conscientemente caracteriza nossa condição humana.

Na opinião de São Bento, ouvir leva não só à obediência. Leva também à pertença. Ao escutar a palavra de Jesus, sinto-me relacionado com ele. Porém, devemos então reagir, tornar-nos ativos e colocar em prática aquilo que ouvimos. Na teologia judaica, escutar a Palavra de Deus é inclusive o ponto central da fé. Deus é aqui sobretudo aquele que repetidamente fala na história para seu povo e para pessoas específicas. E ouvir é sempre também se recordar do que era. "O que os pais contavam", essa era a norma para a vida no presente. O que Deus lhes disse os judeus ouviam para obedecer. A oração diária do judeu inicia, por isso, com as palavras: "Ouve, Israel!" (cf. Dt 6,4).

Entre os gregos, a audição visava menos a obediência que uma participação nas emoções. Para eles, ouvir tem a ver principalmente com ser tocado internamente: ao ouvirmos uns aos outros, nossas emoções são estimuladas, para que elas nos ponham em movimento. Música toca a alma, e palavras criam relação. É evidente que a visão mexe menos com o coração que a audição. Os cegos estão separados das coisas; os surdos, das pessoas.

No silêncio podemos reiteradamente afinar o instrumento de nosso ouvido.

Ouvir o inaudível, é isso que importa para muitos pensadores que refletem sobre o ouvir. Os pitagóricos da Antiguidade grega falam da harmonia mundial, da *harmonia mundi*. Joachim-Ernst Berendt, o filósofo da harmonia moderno, disse algo parecido: O ouvido excede, transcende. Ele vai "do audível ao inaudível" (BERENDT. *Das dritte Ohr*, 74). Geralmente, deixamos de ouvir essa harmonia do cosmo, em que o próprio Deus se torna audível. E deixamos de ouvir igualmente as vozes em nossos próprios corações. Quem quiser encontrar a Deus em seu coração tem que escutar com o ouvido interior os leves impulsos em seu íntimo. Berendt nos convida: "Ouve-te! Escuta teu íntimo! Ouve-te!… Pertence a ti!" (p. 108).

Nossa tarefa é auscultar através do superficial para ouvir a harmonia oculta que está em tudo, para escutar a voz de Deus presente em e subjacente a todas as vozes. Para conseguir ouvir dessa maneira, temos que, no silêncio, afinar repetidamente o instrumento de nosso ouvido. O ruído inunda não apenas nosso ambiente exterior. Frequentemente, ele mantém ocupado também o nosso íntimo. Para experimentar o silêncio como uma fonte de força, precisamos da capacidade de silenciar. O silêncio é algo dado: entramos numa sala silenciosa e, num determinado lugar ou por um certo tempo, nos expomos ao silêncio que nos envolve: o silêncio da floresta, o silêncio da noite ou o silêncio da manhã. Imergimos no silêncio que já existe ali antes de nós. Silenciar é, por outro lado, algo ativo. Se conscientemente deixo de falar ou se levo os pensamentos a silenciar: é uma forma de exercício. Ambos, silenciar e silêncio estão relacionados. Ambos não só me aproximam de mim mesmo; também me libertam de imagens que projetei sobre meu si-mesmo, e me abrem para outra realidade: para a voz de Deus.

A voz de Deus ressoa na criação, em tudo o que entra em nosso ouvido: no vento, no som dos riachos, na chuva, no canto dos pássaros. Nas vozes da criação podemos escutar a consonância do mundo e intuir Deus. Sua voz me toca, porém, principalmente na palavra. Podem ser palavras interiores, as vozes interiores de meu coração, minha consciência. Podem ser palavras que alguém nos diz. Pode também ser a palavra da Sagrada Escritura. Pois na Bíblia Deus nos concedeu a sua palavra. Quando ouço a palavra de Deus com o ouvido do meu coração, então o coração de Deus pode se abrir em mim. Então, a palavra não é informação sobre a qual posso refletir, mas ela é comunicação. As palavras da Bíblia são, para mim, as palavras de um tu, de uma pessoa, que quer se relacionar comigo. Por isso, é importante para mim meditar sobre as palavras da Bíblia como palavras que Deus dirige para mim nesse momento de maneira inteiramente pessoal, nas quais ele fala comigo. Quando, por exemplo, medito sobre o versículo: "Não tenhas medo, pois eu te resgatei, chamei-te pelo teu nome, tu és meu" (Is 43,1), então imagino o seguinte: Deus fala essa palavra de maneira inteiramente pessoal para mim. Refere-se a mim. Essa é a minha realidade mais profunda.

Ouvir pode se tornar a evocação de um mistério infinito.

O que dissemos sobre o ouvir, aplica-se não só a palavras, mas, em sentido bem concreto, também à música. Ao ouvir a música, descubro em mim ambientes de harmonia que abrem minha alma. Ao ouvir a música, abro-me para a beleza da melodia, em que o próprio Deus fala comigo, em que ele canta em mim. Esse ouvir pode se tornar a evocação de um mistério infinito.

Às vezes, permito-me, no domingo à noite, ouvir música no meu quarto usando fones de ouvido. Nesse caso, tenho meu ritual. Em datas festivas bem específicas, ouço a música correspondente. Então, a música entra em mim, e na música – por exemplo, numa cantata de Bach – as palavras se tornam uma realidade emocional para mim. Sinto-me tocado, interpelado, transformado pela palavra presente na música. Esse ouvir é uma dádiva. Pois essa música abre para mim uma janela para o céu. Numa música desse tipo transcendemos este mundo e chegamos ao mundo de Deus. Em toda música aqui neste mundo ressoa algo da música celestial, do próprio Deus, que, segundo Nicolau de Cusa, é harmonia pura.

O olho conduz o ser humano no mundo; o ouvido introduz o mundo no ser humano (Lorenz Oken).

Ver: olhar o belo, ver mais profundamente

Na língua alemã, diferenciamos entre *schauen* e *sehen*. *Schauen* significa: contemplar algo, olhar algo precisamente, olhar atentamente. O termo deriva do radical *skeu* = "prestar atenção, estar atento a algo". O termo *sehen*, por sua vez, corresponde à raiz indogermânica *sek* = "seguir (com os olhos)". Deriva da linguagem de caça. Sigo o cervo com meus olhos. Às vezes, hoje, utilizamos as palavras quase como sinônimos. Mas dizemos das pessoas que elas não veem corretamente, que evitam olhar para a necessidade das pessoas, que não veem seus semelhantes. Ou não veem um problema e, por isso, tem grandes dificuldades. Atualmente, somos confrontados com muitas imagens, das quais preferimos desviar o olhar ou para as quais preferimos deixar de olhar adequadamente ou não ver. Quando não ignoramos uma pessoa, mas realmente olhamos para ela, transmitimos-lhe prestígio. Isso também lhe faz bem.

Não ignorar, mas realmente olhar para alguém; isso lhe faz bem.

Diferentemente da língua alemã, os gregos dispõem de muitos termos para *Schauen* e *Sehen*. Os gregos têm um sentido mais refinado para *das Schauen*. Há o termo *theasthai*. Dele deriva também o termo grego para Deus (*theos*). Deus é essencialmente aquele para quem posso olhar. Naturalmente, os gregos sabem que não posso olhar para Deus diretamente. Mas olho para o mundo de modo a descobrir nele a beleza de Deus. A glória de Deus resplandece em tudo que vejo. Então, há o termo *theorein*. Dele vem *theoria*, o espetáculo. Contemplar um espetáculo leva à depuração das próprias emoções. É, portanto, um olhar que me transforma. O filósofo grego Aristóteles identifica no espetáculo algo salutar. Ele leva à catarse, à depuração das emoções. E o espetáculo coloca as pessoas em contato com sua verdadeira essência. Da pessoa que olhou para o "espetáculo" da cruz, consta que "retirou-se, batendo no peito" (Lc 23,48). Ao olharmos para Jesus, o ser humano verdadeiramente justo, entramos em contato com nosso verdadeiro si-mesmo, somos direcionados para nosso verdadeiro si-mesmo. Isso nos transforma. E retornamos transformados para o nosso cotidiano.

> **Busca ver-te pleno de amor e a acreditar no belo que há em ti. Reconhecerás o belo também nos semelhantes ao olhares para eles com amor.**

O termo alemão *schön* [belo] vem de *schauen* [ver, olhar, contemplar]. Na tradição, beleza sempre está relacionada com amor. A beleza gera o amor. E o amor reconhece a beleza. Quando olho para mim mesmo com amor, sou belo. E quando olho para outra pessoa com amor, descubro nela sua beleza. Feio parece-me ser somente aquele que odeio. Olhar e beleza estão interligados: na beleza do mundo, eu olho (*theasthai*) para Deus como a beleza original. Plotino designou a Deus da seguinte forma: em tudo que é belo vejo, em última instância, a Deus como a beleza original. Vejo as pegadas de Deus em seu belo mundo. Quando medito e contemplo o belo, então eu me transformo. Ele me coloca em contato com o belo que há em mim. Então, transformado, posso ir para o cotidiano.

Martin Walser disse certa vez: "Achar algo belo é uma capacidade que me transcende. Nunca estás tão distante da solidão do que quando achas algo belo. Enquanto tu achares algo belo, estarás salvo. Salvo de ti". Olhar o belo nos liberta da atitude de girarmos em torno de nós mesmos. Capacita-nos para o amor. Gera em nós o amor. O escritor irlandês John O'Donohue designa a beleza "o lar do coração". "Ao residir na beleza, o coração está em casa".

Entra em contato com tua própria beleza.

No verão e, sobretudo, nas férias, é um bom exercício simplesmente reservar tempo e contemplar o belo. Pode ser, por exemplo, a beleza da paisagem. Se tirar tempo, perceberei como o olhar me faz bem, como me coloca em contato com a beleza em mim mesmo. Ou vou a um museu e fico parado longamente diante de um quadro e o deixo atuar em mim. A beleza percebida me endireita. Parto transformado pela imagem. Mas há muitas coisas belas também em nosso entorno. Quando, por exemplo, olho para algo em minha residência: Qual é o cômodo que considero particularmente belo? Ou que quadros adornam meu apartamento? Ou em meu entorno mais amplo, por exemplo, na minha cidade? Nos anos de 1960, Alexander Mitscherlich escreveu um livro sobre o caráter inóspito das cidades e lamentou que, depois da guerra, muitas vezes se esqueceu que cada cidade tem um coração. Não se pode arrancar o coração. Mas hoje muitas cidades desenvolveram novamente um senso para sua beleza emergente. Observe casas antigas e a beleza que irradia de seu entorno. Ou sente-se no interior de uma igreja. No meio da cidade, ter uma igreja em que nos sentamos e cuja beleza podemos admirar beneficia as pessoas durante séculos. A humanização de uma sociedade tem muitos aspectos. Também o belo está entre eles. Não devemos contrapô-lo aos aspectos sociais e caritativos.

Simone Weil, que se empenhou incansavelmente pelo trabalhador tratado injustamente na França, se refere ao fato de quanto utilizava repetidamente a experiência do belo para suportar seu esforço. Vivemos não só de pão; é também a beleza que nos alimenta. "A beleza salvará o mundo", disse Dostoievski.

Estar deitado: uma bênção

Repousar é um anseio primordial do ser humano. Na correria do trabalho, muitas pessoas desejam poder descansar, e se alegram com o fim do expediente. Mas muitas também são incapazes de repousar após o trabalho. Elas remoem continuamente o que poderiam ou deveriam ter feito de maneira diferente. Ou se lembram de tudo o que ainda tem que fazer. A questão é como podemos repousar. Aí pode ser útil relaxar corporalmente e simplesmente se deitar.

Não só ao final do dia podemos nos deitar para dormir. Para nós no mosteiro, é um privilégio poder tirar uma breve soneca. Muitas pessoas não podem se permitir isso durante o trabalho, também porque as condições externas talvez sejam difíceis. No entanto, mesmo nesse caso, seria bom se pudéssemos nos deitar por alguns minutos.

> Agora não preciso fazer, pensar ou realizar absolutamente nada. Simplesmente estou aí.

Estar deitado relaxa mais do que estar sentado. Nos soltamos inteiramente. Sentimos a superfície de apoio da cama ou do chão e imaginamos: estou deitado não só na cama ou no chão duro, mas na mão de Deus. Sou sustentado. Posso ser como sou. Sou suportado, acolhido, protegido. Vivenciado dessa maneira, o breve momento de estar deitado se torna um benefício. E quando levanto, tenho outra vez força e disposição renovadas para fazer o que está na vez agora.

À noite, para dormir, todos deitamos. Geralmente, não pensamos sobre o que expressamos ao estarmos deitados. Para muitos, é simplesmente a posição natural que adotamos para dormir. Mas também aí há as mais diversas possibilidades, e posições totalmente diferentes de dormir. Alguns se deitam de lado. Elas se aconchegam. Nessa posição, expressam frequentemente a posição do embrião no corpo materno. É uma posição de proteção. Alguns abraçam a si mesmos nessa posição e, após os desafios do dia, desfrutam do fato de estarem em casa, inteiramente voltados a si mesmos. Posso interpretar essa posição também espiritualmente. Imagino que Deus me abraça como uma mãe afetuosa, que estou protegido por Deus.

Outros ficam deitados de costas. Para mim mesmo, estar deitado de costas é também uma posição de meditação. Quando, após algumas conversas, chego cansado ao meu quarto, deito-me por uns 15 minutos na cama. Nesse caso, deito-me de costas. Desfruto do peso que o cansaço me oferece. E imagino: agora não preciso fazer, pensar ou escrever absolutamente nada. Simplesmente estou aí. Permito-me no meio do dia somente repousar durante 14 minutos. Isso me faz bem. Quando acordo à noite, frequentemente deito-me de costas e coloco minhas mãos sobre o peito e rezo a oração de Jesus. Então, meu despertar não me perturba. Desfruto então do sossego na cama e me sinto, através da oração de Jesus, envolto de amor e de carinho.

4
O brilho das coisas
Um novo olhar para o habitual

Usamos relógios, anéis, pingentes. Mobiliamos nossa casa com armários, mesas e cadeiras. Esses objetos podem ser meros artigos de consumo. No entanto, podem se converter em símbolo de algo maior. Podem se tornar portadores de nosso anseio por algo mais: por proteção, por um lar, por uma vida plena, por felicidade. Assim, tudo o que encontramos no cotidiano pode se tornar imagem do mistério de nossa existência humana e do mistério de nossa vida.

Deus fala não só através da palavra da Bíblia nem só através do ser humano. Ele nos fala também através das coisas. As coisas do cotidiano podem se tornar transparentes para a nossa relação com Deus. Em muitas coisas, podemos reconhecer o anseio pela transformação, pelo encantamento de nossa vida. Nos sinos, ouvimos não só a indicação da hora do dia ou o convite para uma celebração festiva, mas em seu som ressoa nosso anseio pela paz celestial. No anel, imaginamos que Deus quer "arredondar" tudo em nós e unir tudo que está fragmentado. A mesa, a cadeira, o sofá, em todas essas coisas se encontra o anseio por algo mais, pela vida verdadeira, por proteção, pela harmonia consigo mesmo. É preciso apenas atenção, olhos atentos ou ouvidos abertos para identificar em todas as coisas o anseio por algo mais.

O poeta romântico Joseph von Eichendorff se refere a uma canção que dorme em todas as coisas:

> Dorme uma canção em todas as coisas,
> Que aí sonham continuamente,
> E o mundo levanta-se para cantar,
> Se tu apenas a palavra de encanto encontrares.

Em todas as coisas dorme uma canção que nos leva para fora deste mundo. No entanto, é preciso uma palavra de encanto para que essa canção ressoe em todas as coisas. Precisamos de atenção e as palavras certas para despertar o que, em termos de anseio, dormita em cada objeto de nossa vida e para trazê-lo à nossa consciência. A seguir, ao olhar para essas coisas concretas do cotidiano, limito-me conscientemente a coisas simples que, há séculos, já estão preenchidas com as experiências que as pessoas fizeram com elas e com o anseio que depositaram nelas. Essas coisas são, de alguma forma, enriquecidas através de tudo o que as pessoas vivenciaram com elas e com os desejos e ideias que relacionaram com elas. Naturalmente – e isso é abordado pela publicidade de forma bem específica – também um carro, um celular, um computador podem despertar anseios em nós. Contudo, essas coisas técnicas têm, em regra, uma utilidade inteiramente pragmática e ainda não foram enriquecidas através das experiências das pessoas durante centenas de anos. Assim, quero considerar algumas dessas coisas de nosso meio habitual, a fim de convidar-lhe a meditar de forma similar sobre muitas coisas que também você encontra no cotidiano.

Sinos: matéria da terra, som de Deus

> Em meio ao cotidiano, outra voz é audível.

"Minha voz é a voz da festa. Meus sons são um refrigério para os tristes". Esse é o teor de uma inscrição em um sino do século XIV. O som do sino pode expressar alegria e tristeza. Quando um irmão falece em nosso mosteiro, durante o dia tocam-se todos os sinos. Todos os irmãos e também os moradores dos arredores do mosteiro ficam sabendo que faleceu alguém de nosso meio. Sinos nos chamam atenção para o que é e para o era. Desse modo, em muitas cidades há um toque de recordação. Por exemplo, na data da destruição de Würsburg durante a Segunda Guerra Mundial, tocam-se todos os sinos da cidade. Eles recordam a destruição e, ao mesmo tempo, exortam para a paz. Também por ocasião de eventos alegres ressoam os sinos: isso acontecia, por exemplo, após a Guerra Mundial, quando era "anunciada" a paz. E ainda hoje ouvimos sons festivo quando um papa foi escolhido. E em muitas comunidades anuncia-se o domingo ou um dia festivo na noite anterior.

Os sinos são considerados os instrumentos musicais mais antigos da história da civilização. Há mais de 5.000 anos, havia sinos na China, em que, para produzir o som, empregaram-se, primeiramente, pedras e, depois, conchas. Eles desempenhavam um papel importante nas atividades religiosas e estavam relacionados especialmente com o culto imperial. No Ocidente, os sinos foram disseminados principalmente pelos monges irlandeses. Logo se tornaram parte essencial das torres das igrejas, usados para chamar para a oração ou convidar para a missa.

Ainda que, nesse meio tempo, seu acionamento não seja mais manual, mas elétrico: em meio à correria do cotidiano, ele se torna audível outra voz. Ele anula o isolamento e, sob o seu chamado, congrega as pessoas numa comunidade. Com prazer fico parado quando um sino ressoa nas proximidades. Às vezes, ouço nas montanhas os sinos de uma igreja. Seu som atravessa o vale e faz com que as pessoas, também ao longe, se mantenham em silêncio, façam uma pausa e ouçam. Os sinos sempre foram símbolo da ligação entre o céu e a terra e símbolo de uma harmonia maior. Eles são fundidos a partir da matéria da terra. Mas a matéria terrena deixa ressoar sobre nós o céu. Também para além dos períodos de culto, eles nos recordam que Deus é a verdadeira realidade de nossa vida.

Sinos são símbolo de harmonia, que querem despertar para a paz.

Em templos budistas, vivenciei como se tocam os diversos sinos. Cada sino tem um significado diferente. No início, está um longo toque, e o conjunto segue um rito complicado. Um monge toca consecutivamente cada um dos diferentes sinos grandes. Com um sino, ele desperta todos os animais, com o outro, as plantas, com o terceiro, as pessoas. E há um sino que deve levar as pedras a ressoar. Os sinos levam, portanto, algo a vibrar.

O mundo inteiro com todos os seres vivos e toda a matéria é despertado e convidado a louvar a Deus. E os sinos convidam o cosmo inteiro a se unir pacificamente e a viver conjuntamente em paz. Eles expressam a harmonia do mundo e contribuem para que tudo ressoe conjuntamente em harmonia. A ideia subjacente é que o som de Deus pode chegar a todas as criaturas e levá-las à paz.

Algo salutar para o mundo, algo misterioso parte dos sinos.

No âmbito cristão, os sinos têm, com frequência, os nomes de santos ou de atributos que associamos a Jesus. Há os sinos do salvador ou os sinos de Maria. Esses sinos devem levar algo do Espírito de Jesus e dos santos para dentro de nosso mundo. Então, há alguns sinos que tocam para o *Angelus* – para o "anjo do Senhor", de manhã, de tarde e de noite. E tocam-se sinos que devem nos proteger do mau tempo, dos perigos ou até dos poderes demoníacos. Sinos sempre tiveram uma função protetora. E, ao mesmo tempo, eles querem nos recordar que honramos a Deus. Segundo a concepção antiga, os sinos servem, por um lado, para afastar os demônios e, por outro lado, para convidar-nos a rezar. Eles soam no início da missa convidando para o ato sagrado. Na capela da nossa abadia, tocam-se os sinos também para a conversão. Eles lembram às pessoas que não participam das eucaristia o acontecimento sagrado. E em quase todos os povoados e cidades, tocam-se os sinos, tradicionalmente, por ocasião do *Angelus*, do anjo do Senhor, que é rezado três vezes ao dia, de manhã, de tarde e de noite. Desse modo, os sinos dão ritmo ao dia. Em muitas igrejas, há relógios nos quais, a cada quarto de hora, soa uma badalada e, a cada hora, o sino mostra o respectivo horário. Podemos entender isso como um convite à atenção. Pois viver atento significa tão somente abrir os ouvidos e perceber aquilo que, do contrário, se ignora. Isso significa: Experimentar o mundo de outra maneira.

Quando soa o toque festivo dos sinos de uma catedral, há ali também a noção de que do som dos sinos parte algo salutar para essa cidade, sim para o mundo inteiro. Durante as guerras, muitos sinos foram fundidos e de seu metal foram feitas armas, o que para muitas pessoas foi algo doloroso. Na Primeira Guerra Mundial, a metade de todos os sinos de igrejas foram destruídos dessa forma; na Segunda Guerra Mundial, os nacional-socialistas destruíram 50.000 sinos. Já em 1936, Reinhold Schneider alertou: "Se os sinos perdem seu poder sobre o barulho, e as torres, seu domínio sobre os telhados, não há mais esperança nem vida".

O aspecto misterioso dos sinos está profundamente relacionado com o que eles evocam: estar atento para o fato de que a ação exterior não é tudo. Seu som pretende nos abrir, no cotidiano, para o mistério que nos transcende e, ao mesmo tempo, nos envolve sempre e em qualquer lugar. Ele nos torna conscientes de que a presença de Deus nos envolve como um tom que salva e dá proteção. É bom deixar que esses tons potentes nos levem para outro mundo, para o mundo do amor e da bênção, para o mundo do Deus misericordioso, que com o belo som dos sinos quer afastar o ruído dos pensamentos negativos, para que novamente estejamos abertos para ouvir a Sua voz – em meio ao nosso cotidiano.

E, por isso, não perguntes por quem os sinos dobram; eles dobram por ti (John Donne).

Água: símbolo de renovação e fecundidade

"Água é vida" (Antoine de Saint-Exupéry): isso é verdade simplesmente pelo fato de que sem água não sobreviveríamos. Como símbolo da vida e da renovação, a água é um símbolo intercultural. É meio de vida, tem força terapêutica para o corpo; expressa, no entanto, também a vida espiritual e a fecundidade espiritual do ser humano. É por isso que a água sempre fascinou o ser humano. Eu mesmo, quando estou nas montanhas, ainda hoje fico maravilhado diante de uma cachoeira, cuja água cai há milênios deixando as pedras lisas. Nos tempos antigos, a água era sagrada. Por um lado, experimentava-se seu poder doador de vida e, por outro lado, conhecia-se também seu poder destruidor, quando grandes inundações cobriam regiões inteiras arrastando consigo até as casas.

A água é fundamental à sobrevivência.

Em nosso mundo de prosperidade, precisamos apenas abrir a torneira e a água flui pelo cano. Podemos nos lavar com a água, podemos limpar o quarto. E podemos beber a água para matar nossa sede. Para nós, a água se tornou um objeto de uso.

No calor do verão, ansiamos por água fresca. Ansiamos por um gole de água fria, bem como por uma banho de mar ou de lago. A água desde sempre exerceu um grande poder de atração sobre as pessoas. Há pessoas que ficam horas sentadas na praia e observam a força das marés. Outras preferem se aventurar em fontes terapêuticas de águas quentes. Já outras preferem sentar-se junto a um lago e sentir a quietude que emana da água. Sentar-se junto a um rio e olhar para a água transmite, por sua vez, outro sentimento: tudo flui. Assim, cresce em mim a esperança de que tudo que me preocupa neste momento simplesmente passe.

Em todas as culturas a água é sagrada e purificadora.

Inclusive em termos culturais, a água é uma realidade fascinante. Em muitas religiões, rios e fontes foram e são considerados locais sagrados. Foram associados com o início da vida, bem como com sua manutenção. Na tradição judaico-cristã, a água tem grande importância. Na vigília da Páscoa, a oração sobre a água do batismo lembra a dádiva da água da qual a Bíblia nos relata em várias passagens: "Abençoa esta água, que nos lembra do teu cuidado pelas pessoas. No princípio, criaste a água para trazer fertilidade à terra e se tornar bebida fresca e banho purificador. Tu colocaste a água a serviço da tua obra misericordiosa: no Mar Vermelho, libertaste o teu povo da escravidão do Egito através da água; no deserto, saciaste sua sede com água das rochas. Os profetas viam na imagem da água viva a nova aliança que querias selar com as pessoas. Através da água, que Cristo santificou no Jordão, purificas no banho batismal as pessoas pecadoras e lhes presenteias a nova vida do teus filhos".

Para além de todos os limites culturais, é importante o seguinte: a água purifica. Em muitas religiões, há banhos de purificação ou rituais de purificação. A pessoa se lava com água. Não se trata apenas da purificação corporal, mas da purificação interior da culpa e de tudo o que mancha e obscurece nosso verdadeiro si-mesmo. Pelo visto, é uma necessidade original do ser humano purificar-se não só da sujeira exterior, mas também da mancha da culpa. Essa necessidade é retomada também no rito do batismo. No batismo, somos purificados de todas as imagens que os outros nos impõem, de tudo o que obscurece nosso brilho interior. Ao pegarmos água benta na entrada da igreja, lembramos do batismo. Purificamo-nos de tudo que turva nosso brilho original. Algo parecido sucede conosco depois de um banho fresco. Sentimo-nos renovados. Mas nadar num lago lembra-nos também do ventre materno, no qual nos sentimos protegidos na água maternal. Em muitas culturas, a água, a lua e o princípio feminino estão em estreita relação simbólica.

Do mistério da água e do ato de beber com atenção.

Reza o ditado: "Água mole em pedra dura, tanto bate até que fura." Uma gota de água parece não ter força. Mas podemos observar nos riachos das montanhas e nas cachoeiras como a água desgasta as rochas duras e as formas que daí resultam. Aprender com a suavidade da água significa: contra as coisas rijas e duras não devemos lutar com dureza, mas contrapor a força da suavidade. Isso se aplica também à luta com nós mesmos. Não podemos expulsar violentamente nossas falhas. Devemos confiar na água da graça, que amacia tudo que é duro e nos purifica de tudo o que nos contamina. As religiões – e também muitos contos – conhecem a água da vida, a água que torna saudável e vivifica. E as religiões conhecem o poder fecundante da água. Sem água nada cresce. Sem água a terra seria deserta e vazia. Portanto, é uma bênção quando chove ou quando se vive junto a rios ou lagos em que há água o suficiente para irrigar os campos.

Como, porém, lidamos com a água no cotidiano? Para muitas pessoas, não basta beber só água. É preciso também beber cerveja ou vinho ou ainda um refrigerante. No entanto, na minha opinião, precisamente tomar a água pura tem uma qualidade peculiar. Quando bebo água de maneira lenta e consciente, lembro-me da passagem bíblica em que Deus derrama água no solo árido (Is 44,3). A água quer me fecundar. E me lembro da palavra de Jesus sobre a água viva, que Ele nos dá e que jamais nos deixará ter sede (Jo 4,13s.). A água que Jesus nos dá se converte em nós numa fonte que nunca seca.

Ao observar a água, ansiamos que Deus frutifique nossa vida e que, em meio à aridez da existência, surjam fontes e poços que fecundem nosso deserto – como foi prometido aos israelitas: "Dei água ao deserto e rios à terra árida, para matar a sede de meu povo escolhido" (Is 43,20).

Essas palavras me ajudam a intuir o mistério da água, quando a bebo atentamente. Bebo não apenas uma água deliciosa, refrescante, mas a água viva em que o próprio Espírito Santo quer fluir para o meu interior.

Todo o mundo sabe: o fraco se impõe ao forte, o flexível se impõe ao rígido. No entanto, ninguém age de acordo com esse preceito (Lao-Tse).

Vinho: dádiva do céu, sabor da terra

> O coração e o amor se encontram no vinho.

Em todas as culturas, o vinho foi considerado dádiva do céu e da terra. A Bíblia o concebe como dádiva de Deus para as pessoas, como imagem para todos os dons de sua benevolência. O vinho traz em si, contudo, também a força da terra em que ele se desenvolve. E ele requer uma cultura específica daqueles que querem desfrutá-lo.

Poetas de todas as épocas enaltecem a força do vinho, e inclusive entre autores espirituais o louvor ao vinho sempre se relaciona com o amor. O vinho aprofunda o amor. Aqueles que amam o bebem, e experimentam uma união mais profunda. Nas Bodas de Caná, Jesus transforma água em vinho. No Evangelho de João, essa é uma imagem para a encarnação de Deus. Quando Deus se torna ser humano, ele celebra as bodas com o ser humano e transforma em vinho a água da vida que perdeu o sabor. A vida adquire assim um novo sabor: o sabor do amor. Numa metáfora, Jesus comparou sua mensagem também com o vinho. Ela é uma nova mensagem. Assim como o vinho novo, ela precisa de novos recipientes. Não pode existir simplesmente nos moldes antigos. E Jesus dá ao vinho um novo significado. Por ocasião da última ceia, ele identifica o vinho com seu sangue, que, na morte, derramou por amor de nós. Assim, na Eucaristia, podemos beber, no vinho, o amor encarnado de Deus e nos deixar permear por ele. Então, podemos experimentar corporalmente que somos integralmente amados.

É um enunciado bíblico que Deus quer o bem do ser humano e, por isso, dá o vinho "que alegra o coração das pessoas", como expressa o Sl 104. Os profetas prometem ao povo, que está no cativeiro, que Deus irá libertá-lo. Ele servirá na sua montanha sagrada um banquete "de alimentos gordos suculentos e de vinhos velhos bem tratados" (Is 25,6). A salvação que Deus prepara para o ser humano acontecerá, portanto, ao beber vinhos deliciosos.

O vinho, essa dádiva de Deus, carrega em si a força, bem como o sabor da terra em que ele se desenvolve. Em cada região, o vinho tem outro sabor e reflete algo da essência da respectiva paisagem. Ele é uma dádiva de Deus para o ser humano, em que ele pode saborear sua bondade. Assim como na música posso pressentir o inaudível, no vinho posso degustar o doce sabor de Deus.

Vinho só se bebe bem juntos, quando se deseja o bem para o outro.

Vinho se bebe em conjunto e sem pressa. Aí surge uma atmosfera agradável e alegre. Brinda-se dizendo um para o outro: "Saúde!", que quer dizer: "Que seja para o teu proveito, para o teu benefício, para tua salvação, que te dê saúde, paz, felicidade".

Só se consegue beber bem o vinho conjuntamente quando se deseja o bem para o outro, quando o tratamos com benevolência. Também se aprecia o vinho em conjunto ao sentir seu aroma, ao prová-lo conjuntamente, ao degustá-lo e também ao falar sobre ele. Martin Walser disse certa vez: "O vinho fica bom através da boca do convidado". Beber numa atmosfera negativa leva, em regra, ao conflito. Beber vinho requer, portanto, não só cultura, tempo e atenção. Requer também uma atitude ética: a atitude da benevolência, do amor e da valorização do outro. Assim, ele pode nos unir uns aos outros. Um antigo ditado reza: *In vino veritas* – no vinho está a verdade. Isso pode ser interpretado de diversas maneiras. Por um lado significa: o vinho reflete a verdade do seu surgimento. Ele tem em si o sabor da terra da qual ele se desenvolve, e do tempo em que ele amadurece. Por outro lado, o vinho também solta a língua, de modo que na conversa conjunta aparece a própria verdade. Ao tomar vinho, não se pode falar de qualquer coisa. Deve ser uma conversa que revela ao outro a própria verdade. E o vinho revela a verdade de uma pessoa ainda em outro sentido. Na maneira que a pessoa bebe o vinho manifesta-se sua natureza. Aí se revela se ela sabe frui-lo, se ela observa a medida certa – ou, porém, se ela bebe o vinho avidamente e ao bebê-lo precisa difundir seu mau humor, ou seja, afogar suas mágoas.

É preciso cultura emocional para beber vinho.

Quem se embebeda com vinho, quem somente o derrama para dentro de si para se entorpecer, vivencia-o não mais como algo que o une aos outros, e tampouco como dádiva de Deus com o qual quer alegrar o coração. Jesus Sirch, o professor de sabedoria que combina a sabedoria grega e judaica, indica como podemos desfrutar do vinho de maneira correta: "O vinho é como a vida para a pessoa, mas só se ela o bebe com moderação. Que vida leva aquela a quem falta o vinho? Pois ele foi criado desde o princípio para trazer alegria. Júbilo do coração e alegria da alma é o vinho, tomado oportuna e moderadamente. Amargura da alma é o vinho bebido em demasia, produzindo excitação e desequilíbrio. A embriagez aumenta o furor do insensato para o fazer cair, diminui-lhe a força e provoca ferimentos" (Eclo 31,27-30).

E sobre tudo isso podemos refletir quando bebemos vinho conjuntamente. Intuimos, então, algo da dádiva que Deus nos preparou no vinho.

Pão: trata-se da nossa vida

O pão é, há milênios, o alimento básico do ser humano. Ter pão e água significa conseguir sobreviver. Pão e sal simbolizam até hoje prosperidade. E pão e vinho remetem para a convivência festiva do ser humano. O pão está, portanto, repleto de significados espirituais e rituais.

Hoje, com a industrialização dos alimentos, também o pão se tornou parte do mundo tecnificado. Há incontáveis tipos de pães, há fábricas de pães, e em parte produzem-se até na China massas semiprontas para os consumidores europeus. A experiência das pessoas que, nos anos de necessidade e de guerra, passaram fome e que, por isso, têm uma relação especial com o alimento pão, muitas vezes quase não é mais compreendida pelos jovens que cresceram na sociedade do consumo e da abundância.

As antigas sabedorias sobre o pão são repletas de significado espiritual.

É claro que isso era completamente diferente no mundo agrário. Na Antiguidade, havia não só as divindades da vegetação e dos grãos, de Tamuz até Adônis ou Osíris. Nos antigos costumes da devoção popular de nossas religiões, continuava a existir a reverência à fertilidade da terra e o conhecimento das relações religiosas de nosso mais importante alimento. O conhecimento sobre essa questão permaneceu vivo por muito tempo, tanto nos calendários dos camponeses, com suas regras sobre o clima e suas sabedorias de vida, como no calendário litúrgico. Na Sexta-feira Santa, por ocasião da veneração da cruz que acontecia nas regiões camponesas do sul de Tirol, derramavam-se cerais sobre a cruz; e, na Páscoa, ainda hoje, em vários lugares se consagram o pão e o presunto. Repetidas vezes, reza-se por uma boa semeadura e uma boa colheita. São Jacó, em homenagem ao qual se celebra uma festa em julho, era para os camponeses piedosos aquele que auxilia na colheita do grão, e São Oswald, padroeiro dos ceifeiros e segadores, era considerado também "benfeitor bondoso". Folcloristas ainda sabem que nas épocas marcantes do ano (*rites de passage*), por exemplo, na região sul do Tirol, dificilmente havia um evento importante na vida comunitária ou uma grande festividade na vida do indivíduo, em que o pão não desempenhasse um papel simbólico: dos pães dos padrinhos no batismo e na crisma até os *Liebesbroten*, em muitas regiões da Alemanha. Vida e morte, ritos de fertilidade e pães do dia de finados (p. ex., o costume tirolês de doar pão por ocasião dos funerais dos pobres) – do nascimento até a morte o pão acompanha os camponeses. O pão era um questão de vida e morte; jogar fora o pão era considerado um ultraje, e em muitos locais um pedaço de pão que caia no chão era recolhido e beijado. Naturalmente, aí muitas vezes estavam presentes concepções mágicas. Mas quando, ao assar um pão, a camponesa assinala uma cruz na massa, abençoa-se não só o pão de cada dia, mas também a vida em si mesma. Folcloristas se referem à "fé do pão":

textos antigos contam a respeito da "paixão do grão", que descreve o calvário de Cristo na imagem do grão, que é ceifado e amarrado, debulhado e triturado, colocado no forno e, por fim, retirado depois de três dias, para ser saboreado pelas pessoas na forma de pão.

Justamente porque é tão importante para a vida, o pão pode se converter também em símbolo de muitas esferas da vida, inclusive na tradição cristã. O pão é assado a partir de vários grãos. Por causa disso, o pão já é, para Santo Agostinho, um importante símbolo de união. Como os vários grãos são assados em um pão, também os cristãos são unidos uns aos outros. E, na Eucaristia, ao oferecermos o pão para Deus no ofertório, ele é uma imagem de que nós mesmos devemos passar da desarmonia para a união. Surgem também outras imagens: o grão precisa, primeiramente, ser semeado. Então, amadurece e é colhido. E, por fim, é moído para tornar-se farinha. A farinha é umedecida com água e então assada. Santo Agostinho vê no processo de assar o pão uma imagem que se aplica ao ser humano. Também nós temos de semear o que recebemos de Deus. Precisamos do sol e da chuva, para que o ser humano interior possa crescer. Somos ceifados, colhidos e, por fim, triturados na moenda de nossas vidas. E, por fim, somos assados no fogo do sofrimento. Mas, finalmente, nós mesmos nos tornamos, em nossa existência, o pão que alimenta as pessoas.

> **A Bíblia transmite percepções da vida na imagem do pão.**

No contexto bíblico, já na imagem do grão de trigo, que precisa morrer para produzir um rico fruto, revela-se que as pessoas valorizavam o pão não só como alimento básico, como condição para a sobrevivência diária, mas viam nele também um símbolo para si mesmas. Para Jesus, ele é uma imagem para sua morte na cruz. Ele mesmo se torna pão que alimenta verdadeiramente as pessoas (Jo 12,24).

Já na Bíblia hebraica, o pão desempenha uma papel importante. Na passagem pelo deserto, os israelitas vivenciaram que Deus lhes deu o pão do céu. Eles perguntaram: "Maná? O que é isso?" Ele simboliza o pão do céu ou o pão milagroso ou, como expressa a tradução do texto em latim, o pão dos anjos: "O homem comeu o pão dos anjos" (Sl 78,25). No Evangelho de João, ele se tornou imagem para Jesus Cristo que como homem, através de sua mensagem, tornou-se pão para as pessoas e que, na Eucaristia, na forma de pão entrega a si mesmo para as pessoas. E no Sl 104,15 consta que o pão "fortalece o coração da pessoa".

O Antigo Testamento apresenta o relato da multiplicação do pão. Nele, o Profeta Elias opera o milagre em que o pote de farinha e o jarro de óleo da viúva de Sarepta nunca ficam vazios, de modo que, apesar de sua pobreza, sempre pode assar pães para si. E, no relato do Profeta Eliseu, vinte pequenos pães de cevada são suficientes para cem homens. A multiplicação dos pães é narrada ao todo seis vezes no Novo Testamento. Os discípulos, portanto, consideram relevante a experiência em que Jesus multiplicou alguns pães, de modo que fossem suficientes para alimentar mais de 5.000 pessoas. Jesus parte o pão e o dá às pessoas. E, de repente, é suficiente para alimentar uma grande multidão: Nessa multiplicação dos pães, os evangelistas já viram uma imagem da Eucaristia.

Na Eucaristia, o pão adquire uma nova dignidade.

O próprio Jesus confere ao pão esse novo significado. Na última ceia, ele parte o pão e o dá aos seus discípulos com as palavras: "Isto é o meu corpo, que é dado por vós. Fazei isto em memória de mim!" (Lc 22,19). Jesus dá a si mesmo na forma do pão e se oferece aos discípulos. Para eles, ele se torna alimento. O pão partido remete para a sua morte, em que ele é despedaçado por nós, para que nós não desmoronemos em nossa vida. É por isso que o Evangelista Lucas designa a Eucaristia apenas de "partir o pão". No Evangelho de João, Jesus fala longamente sobre o pão. Jesus reconheceu que, após a multiplicação dos pães, as pessoas queriam transformá-lo em rei. Por isso, ele se recuou. E, mais tarde, na sinagoga de Cafarnaum, ele fala às pessoas sobre o verdadeiro significado dos pães. Ali ele mesmo se compara com o pão. Quando elas lhe pedem o pão, ele responde: "Eu sou o pão da vida. Quem vem a mim já não terá fome, e quem crê em mim jamais terá sede" (Jo 6,35). A Eucaristia torna-se, para João, o momento em que acolhemos em nós Jesus como o pão do céu. Assim como comemos o pão e o integramos inteiramente em nosso corpo, devemos acolher a Jesus em nós, para que ele permeie nosso corpo e nossa alma. Então, podemos nos tornar também bênção e fruto para os outros.

Partilhamos não só o pão.

Ignazio Silone, em seu romance "Vinho e Pão", descreveu o partir do pão como um rito precioso. Após a morte violenta de seu filho, que foi assassinado ao resistir contra a injustiça na sociedade, o pai parte o pão para seus amigos. E ele diz que neste pão está condensado todo o trabalho de campo de seu filho. Nesse pão partido, o filho partilha seu amor pelas pessoas e pela natureza com aqueles que agora, reunidos na mesa de luto, ceiam conjuntamente. O que Silone descreve confere ao pão, que partilhamos conjuntamente, sua dignidade. Partilhamos não só o pão, mas todo o esforço que as pessoas colocaram na preparação do pão, todo o amor que elas deixaram fluir em seu trabalho. Minha mãe ainda sabia disso. Ao cortar o pão, ela sempre rabiscava uma cruz na superfície. E na infância nos ensinaram que nunca se joga fora o pão. E ainda hoje tenho consciência desse respeito pelo pão, em qual vivemos do empenho de muitas pessoas. E quando mastigo o pão lentamente, saboreio todo o amor que fluiu para dentro desse pão. E me integro a todas as pessoas que se alegram com o pão de cada dia, na forma como o tem.

Não existe nada igual ao sabor do pão partilhado
(Antoine de Saint-Exupéry).

Mesa: lugar da comunhão, lugar do sagrado

A mesa é mais que um móvel com uma placa horizontal apoiada por pernas, junto a qual se pode trabalhar ou comer e sobre a qual se pode depositar ou colocar algo. Ela tem um papel social, e, desde épocas antigas, é uma importante imagem de comunhão. Às vezes, é também um símbolo de poder, por exemplo, a mesa de um juiz, ou símbolo de uma comunidade escolhida. Nesse sentido, a lenda se refere à távola redonda do Rei Artur. E ela pode ter -- como em todas as culturas antigas – e tem inclusive um significado pronunciadamente religioso. Fala-se de mesa do altar.

Ainda hoje, a mesa aparece em nosso imaginário geralmente associada à comunidade e à comunhão. Em torno da mesa, as pessoas se reúnem para a ceia. Ali se desenrolam boas conversas. Convida-se o estrangeiro para a mesa e se lhe oferece a comunhão à mesa. Hoje ela nos recorda das diversas refeições que a família toma reunida ao seu redor. A mesa está emocionalmente carregada com todas as conversas que conduzimos em torno dela, com todas as experiências ali vivenciadas. A mesa leva a família a se reunir repetidamente e abre a comunhão também para fora. Pois ela é o local em torno do qual a família concede hospitalidade e ela mesma experimenta enriquecimento através dos convidados.

Lugar de comunhão sagrada e centro espiritual.

Sobretudo o Evangelista Lucas descreve, repetidas vezes, como Jesus sentou-se à mesa com diversas pessoas: "Havia uma grande multidão de cobradores de impostos e outras pessoas que estavam com eles à mesa" (Lc 5,29). Jesus foi também a casa de um fariseu e "se pôs à mesa" (Lc 7,36). E Jesus promete aos servos que o Senhor encontra despertos: "Ele cingirá o avental, fará com que se ponham à mesa e os servirá" (Lc 12,37). O próprio Jesus nos serve quando estamos sentados à mesa. Ele põe a mesa com suas dádivas. Os alimentos são dádivas de Deus para nós, em que podemos experimentar e saborear sua bondade e seu amor.

A comunhão de mesa era considerada sagrada pelos cristãos antigos. No entanto, é claro que isso nem sempre ocorre no cotidiano. Muitas vezes, em torno da mesa também se discute. Critica-se a comida. Surgem agressões reprimidas quando as pessoas estão sentadas perto umas das outras. Também isso não é nada incomum. Em cada um de nós, afloram emoções negativas. Não conseguimos evitar que isso aconteça. Mas somos responsáveis pela maneira de lidar com as emoções. Quando simplesmente nos sentamos à mesa e nos deixamos levar pelas emoções negativas, destruímos a comunhão de mesa. Não fazemos jus ao mistério da mesa. Por isso, é bom sentar-se atentamente à mesa e refletir sobre todas as imagens salutares transmitidas pela Bíblia e pela tradição espiritual a respeito da mesa. Então as emoções negativas sequer aflorarão. Pois estamos ligados ao sagrado e ao belo que cada mesa coloca à nossa disposição: ser uma comunidade grata, que desfruta conjuntamente das boas dádivas de Deus e que deixa esse desfrute desembocar também em conversas agradáveis.

Nas religiões, a mesa do altar é, como centro espiritual, o local em que se oferece um sacrifício a Deus. O nome deriva de *altus* = "alto, elevado". Nos locais de culto, o altar realmente sempre estava num ponto mais elevado. Subia-se ao altar. Era uma imagem do sacrifício: oferecia-se o sacrifício a Deus. Erguiam-se as oferendas para o alto. Isso era uma imagem para o ideia de que as oferendas vêm de Deus e pertencem a ele. Nós as devolvemos para ele. Em algumas religiões, o altar era considerado também centro espiritual do mundo ou ligação entre Deus e o ser humano. Ele era considerado local sagrado. Quem se refugiava no altar, estava protegido dos seus perseguidores. No altar, mesmo o maior criminoso não deveria ser preso.

No cristianismo antigo, a comunidade se reunia em torno da "mesa do Senhor", em lembrança da celebração da Eucaristia. Somente quando os cristãos passaram a construir igrejas como construções permanentemente abertas ao público, por volta do século IV, a mesa móvel feita de madeira foi sendo substituída por um altar firmemente ligado ao solo com uma mesa de pedra.

No cristianismo, portanto, em virtude da última ceia de Jesus com seus discípulos, a mesa adquire um significado especial. Ali a ceia se tornou o símbolo de sua entrega na cruz, o símbolo de seu amor, que é mais forte que a morte. Após sua ressurreição, Jesus se senta novamente à mesa com os discípulos de Emaús. Toda comunhão de mesa pode nos recordar que o próprio ressurreto está sentado à nossa mesa. É ele que nos parte o pão, que se entrega a nosso favor, para que vivamos a partir de seu amor. E ele nos dá a esperança de que também nossa vida será bem-sucedida, ainda que estejamos passando por dificuldades.

Cadeira: experimentar a própria dignidade interior

Os povos germânicos se sentavam, geralmente, em um banco. A cadeira era reservada ao rei. Ele se sentava numa cadeira elevada, num trono. Também uma cadeira de juiz ou tribunal permite intuir um significado relevante. A Bíblia se refere seguidamente ao tribunal. Pilatos senta-se no tribunal (Jo 19,13). Os judeus trazem Paulo diante do tribunal, para acusá-lo e, em seguida, matá-lo. Paulo nos adverte que todos temos que comparecer diante do tribunal de Cristo. Ali fica manifesto o que fizemos e falamos. Jesus acusa os fariseus de terem se sentado na "cátedra de Moisés" (Mt 23,2). Eles usurparam algo que não lhes cabia. Mas Jesus prometeu para os seus discípulos e, assim, para nós: "Assim comereis e bebereis à minha mesa no meu Reino e vos sentareis em tronos, como juízes das doze tribos de Israel" (Lc 22,30).

> À cadeira se associam imagens do trono, do domínio, da dignidade, da liberdade e imagens da quietude, clareza e firmeza interiores.

No mundo antigo, estar sentado na cadeira significa algo sublime: participo da dignidade do rei. Para os cristãos significa: governamos no trono com Jesus. Não somos dominados por nossos humores. Ao sentar-nos com a coluna ereta, percebemos nossa dignidade. No entanto, fazemos essa experiência apenas quando sentamos de modo consciente e com a coluna ereta em uma cadeira.

Por outro lado, há também experiências negativas que se relacionam figuradamente com a cadeira. Numa empresa, referir-se à "dança das cadeiras" significa claramente que pessoas serão demitidas ou removidas de seus cargos. Há cadeiras confortáveis, em que é bom sentar-se. No entanto, há também cadeiras que impedem alguém de sentar-se direito. Aí a pessoa é forçada a adotar uma postura que não lhe faz bem. Ou falamos que alguém está sentado numa cadeira desconfortável. Todos o importunam. Ou que alguém quer serrar a perna da sua cadeira: que quer tirá-lo do cargo. Além disso, o lugar "entre as cadeiras" geralmente não é um lugar agradável.

Faz bem se sentar atentamente numa cadeira e imaginar as boas figuras que a Bíblia e a tradição espiritual oferecem: imagens do trono, do domínio, da dignidade, da liberdade e imagens da quietude, clareza e firmeza interiores. Então, sempre que tomarmos lugar de maneira consciente e atenta, iremos intuir algo do significado de sentar-se na cadeira e, com isso, experimentar sua dignidade interior.

Poltrona: relaxar e repousar

Certa vez, uma senhora se queixou ao metropolita Anthony dizendo que, ao rezar, nunca conseguia sentir a presença de Deus. O metropolita aconselhou-a a nem sequer rezar, mas apenas se sentar 15 minutos em sua poltrona, simplesmente ficar sentada e sentir a paz em sua casa. Com esse conselho a mulher fez uma boa experiência. Ela simplesmente ficou sentada, olhando para o seu cômodo e sentiu-se envolta pela presença de Deus. Ao ler essa história, me senti motivado a igualmente sentar-me com mais frequência na postura em minha cela e apenas olhar.

Sento-me confortavelmente na minha poltrona, olho para minha escrivaninha, para a estande, para os quadros no meu quarto, para minha cama. E, subitamente, fico interiormente quieto. Desfruto o ato de estar voltado para mim. Ali estou protegido. É silencioso. O quarto está cheio de livros e textos que são importantes para mim. Encontro a mim mesmo no meu quarto. No entanto, encontro ao mesmo tempo a minha história. Imagens me lembram da minha história: as fotos de meu pai, de minha mãe, de parentes e amigos. E nesse quarto encontro a Deus, a quem, durante toda a minha vida, sempre busquei. Olho as imagens como aquele que, no passado, já estava aberto para Deus. E, então, fecho os olhos e imagino que a presença amorosa de Deus me envolve. Então fico em silêncio.

Sento-me na poltrona também quando, após a sesta, tomo uma xícara de café. Sentar-se na poltrona é associado a relaxamento, a quietude. Aproveito o tempo.

Quando estou de visita na residência de uma família, geralmente sou conduzido à sala. Ali, na maioria das vezes, diversas poltronas convidam a sentar-se confortavelmente e beber algo. Conversas na poltrona têm sempre alguma leveza em si. Aí não se trata de problemas mais profundos, mas de escutar bem e de se familiarizar um com o outro. Surge rapidamente uma atmosfera descontraída. Pois cada um que está sentado na poltrona solta-se interiormente e é capaz de se envolver com o interlocutor. Em algumas poltronas, a pessoa praticamente cai para dentro delas. Também isso é uma imagem para nossa atitude interior. Deixo-me cair, eu confio. Sinto-me protegido e sustentado.

É claro que também se pode desvirtuar a poltrona: Quando estudei administração, o professor recomendou que, quando um funcionário vem para se queixar, o chefe deve deixá-lo tomar lugar numa poltrona profunda. O chefe permanece sentado na sua cadeira e se refugia atrás da escrivaninha. A ideia com isso: Quando o funcionário cai na poltrona, não consegue mais agir agressivamente. No entanto, isso é injusto. Não posso deixar o outro tomar lugar numa poltrona, enquanto eu fico sentado num trono. Tenho que me colocar em pé de igualdade; somente então será possível uma boa conversa também na poltrona.

Armário: espaço para a ordem

Atualmente, compramos armários em lojas de móveis. Armários servem para guardar algo. Temos armários para nossas roupas, para a louça e para coisas valiosas, que queremos guardar com segurança em nossa casa. Etimologicamente, *Schrank* [armário] significa propriamente "estrutura gradeada", "recinto fechado". O armário é, portanto, em primeira linha, um repositório adequado para coisas que não queremos deixar dispersas na residência: aqui as coisas estão arrumadas. Pensamos, portanto, mais no significado prático do armário do que em sua beleza.

> **Ordem não é um fim em si mesmo. Ela expressa que, para mim, as coisas que estão no meu armário têm algum valor, que lido com elas cuidadosamente.**

No período barroco, os armários eram carpintejados com um toque ornamental. Cada armário era algo precioso. Ele não era apenas um objeto utilitário, mas algo belo e artístico, que dava gosto de olhar e admirar. Percebia-se o cuidado com que essa peça de mobília fora confeccionada, e se via o amor que nele fora depositado. Um móvel desse tipo passava de geração em geração. Ele estava repleto das histórias de várias gerações. E, por isso, lidava-se com ele com zelo.

Nos anos de 1950, quando eu estava no internato, no sábado à noite sempre havia controle de armário. Tínhamos de abrir nossos armários. O monitor verificava se tudo estava guardado de forma cuidadosa e limpa, se as camisas estavam postas exatamente umas sobre as outras etc. Esse controle de armário sempre era desagradável para nós, alunos. Hoje, na minha opinião, o armário se destina a permitir uma certa ordem. No entanto, às vezes, aprecio também o fato de que ninguém dá uma olhada no armário. Posso colocar nele o que quero guardar. Mas não precisa reinar ordem absoluta. O armário me lembra que também posso esconder algumas coisas. Quem vem ao meu quarto não precisa logo ver tudo. Os armários escondem o que é importante para mim. Eles também são um ambiente íntimo ao qual somente eu tenho acesso. Quando abro meu armário com essa imagem quero, a partir de mim, criar uma certa ordem. Ordem não é um fim em si mesmo, mas ela expressa que as coisas que estão no meu armário tem algum valor para mim, que lido com elas com cuidado.

Livros: chave para o mistério da vida

O teólogo judeu Jakob Petuchowski contou certa vez de sua juventude: Quando um livro hebraico cai no chão, ele era erguido e beijado. Para os judeus, os livros da Bíblia eram um consolo: "Temos para consolo os livros santos que estão em nossas mãos" (1Mc 12,9). Do Islã sabemos o quanto o livro sagrado, o Alcorão, é venerado. O muçulmano piedoso reza: "Eu peço a ti, ó Deus, o Misericordioso, em tua majestade e à luz de tua face, iluminar meus olhares com teu livro, desatar minha língua com ele, aliviar meu coração com ele, ampliar meu peito com ele e lavar meu corpo com ele". E também os cristãos conhecem o cânon das Sagradas Escrituras como seu livro sagrado.

As religiões estão de acordo no seguinte: nos livros sagrados, o próprio Deus fala com as pessoas. E neles registram-se experiências importantes que as pessoas tiveram com Deus. Os livros sagrados eram guardados com reverência. Uma vez que, no passado, os livros eram uma preciosidade, muitos decoravam em parte os livros da Bíblia. Assim procediam também os monges no deserto. Os pobres não possuíam livros.

E, também a muitos de nós, aplica-se ainda hoje o seguinte: pão e livros não se jogam fora. Inclusive numa época caracterizada por uma superprodução de novidades, e apesar do avanço dos meios eletrônicos, ainda é válido o seguinte: livros permanecem algo especial. É claro que um livro tem um valor de uso; ele pode proporcionar informação rápida ou divertimento. É uma mercadoria, mas sempre é algo mais: um bem cultural.

Nossa vida é um livro em que também outros leem.

Na história das religiões, e não só nas religiões literárias, o livro tem inclusive um significado simbólico. Ele representa sabedoria e conhecimento mais profundos. No Oriente, há a ideia de um livro em que se registram os destinos das pessoas. Essa imagem é retomada também pela Bíblia, quando se refere ao livro da vida, em que são registrados todos os escolhidos. A tradição espiritual entendeu essa imagem mais tarde de outra maneira: Deus escreve a respeito de cada pessoa em um livro em que são anotados todos os seus atos. Nessa concepção, às vezes ressoa a ideia de controle: ninguém pode se esquivar de seus atos. Mas, na realidade, a ideia era outra: nossa vida preenche um livro com todas as experiências que fazemos. E todas as experiências são anotadas e conservadas. Elas são importantes também para a posteridade. O livro simboliza, portanto, a dignidade imperdível do indivíduo, que com sua vida, por assim dizer, escreve um livro que também outras pessoas podem ler. Podemos entender isso da seguinte forma: é bom ler reiteradamente o livro da minha vida e entender as histórias nele escritas. Pois elas me revelam o mistério da minha vida.

No Novo Testamento, o livro tem um significado relevante no Apocalipse. Nele consta: "Vi, então, na mão direita daquele que estava sentado no trono um livro escrito por dentro e por fora, selado com sete selos" (Ap 5,1). Ninguém no céu consegue soltar os selos desse livro. Aí vem o cordeiro que é imolado – uma imagem de Jesus Cristo. Ele solta um selo após o outro. Nesse livro, está registrado tudo o que sucede no mundo. Para nós, essa não é uma ideia tão agradável. Ela dá a impressão de que tudo já estaria predeterminado. No entanto, não é essa a ideia. Nessa imagem visionária, o livro simboliza, antes, o mistério da vida e da história humanas. Todos seríamos gratos se Cristo abrisse nossos olhos para que pudéssemos ler e entender o livro deste mundo.

A Bíblia apresenta ainda outra imagem. O Profeta Ezequiel recebe uma tarefa de Deus: "Come este rolo e vai falar à casa de Israel!" (Ez 3,1). Quando Ezequiel come o rolo, ele se torna doce como mel em sua boca (Ez 3,3). Comer o rolo significa que internalizo a palavra de Deus, que ela permeia o meu coração. Quando me ocupo tão intensamente com isso, posso anunciar a palavra de Deus de outra maneira. Somente depois de comer o rolo, Ezequiel pode falar como profeta. E agora suas palavras também se tornam doces e agradáveis. Ele pode anunciar uma mensagem que as pessoas entendem, que saboreiam e podem acolher em si com todos os sentidos. Os monges antigos retomam essa imagem quando se referem à ruminação da palavra de Deus. É preciso comer a palavra de Deus para que seja completamente integrada em nosso pensar e sentir.

Muitas vezes, a arte retratou os santos junto com um livro. Esse livro tem diversos significados, dependendo da pessoa ao qual se relaciona como atributo. Para os mártires, significa o livro da fé pelo qual entregaram sua vida. Para os evangelistas, é o livro que eles mesmos escreveram e agora proclamam para o mundo inteiro. Quando a arte coloca o livro na mão de papas e bispos, isso quer dizer o seguinte: os bispos têm a tarefa de transmitir bem a mensagem de Jesus. Eles são responsáveis para que a mensagem seja proclamada autenticamente em cada época. Para os fundadores de ordens, o livro simboliza, em geral, a regra que eles escreveram. Na capela de nossa abadia, o confrade Maurus Kraus, um artista de nossa comunidade, ilustrou o livro da regra na mão de São Bento, de modo que o livro se dobra em sua mão. Com isso, ele quis expressar que a regra não é um código estrito, mas que ela tem que ser repetidamente adequada à respectiva época e aos monges que querem colocá-la em prática.

Livros dão testemunho de riqueza interior.

Desde sempre, e ainda hoje, há amantes de livros e pessoas que gostam de ir à livraria e comprar os livros mais recentes; por exemplo, romances dos quais ouviram, livros especializados ou livros espirituais de seu interesse. À noite ou ao domingo, elas conscientemente reservam tempo para ler. Ler um livro é algo diferente do que ler algo na internet por meio do computador. O livro eu pego na mão. É algo precioso. Posso folheá-lo. Para ler posso me sentar ou deitar.

Muitas pessoas têm seus livros favoritos. E sua biblioteca é, para elas, um importante tesouro que fomentam e mantém. Elas se orgulham dos inúmeros livros que possuem. Os livros dão testemunho de sua formação, bem como do objeto com que seu espírito se ocupa. Quando minha irmã mais velha faleceu, nós, os irmãos, repartimos seus livros entre nós. E ficamos admirados ao saber o quanto minha irmã havia lido. Nos livros, víamos com o que ela se ocupara, o que era importante para ela. E alguns livros ela não leu somente uma vez. Os livros eram realmente um alimento para ela. Eles nos revelaram o mundo interior, a riqueza interior de uma pessoa: aquilo que lhe era particularmente valioso.

Sabemos que livros não apenas podem tocar uma vida, mas também podem transformá-la, que eles, em todo caso, podem enriquecê-la e vivificá-la, e não apenas ampliar nosso espírito. Por isso, buscamos nas livrarias os livros que tocam nosso coração. E sempre ressoa a esperança de que o livro se torne a chave que nos abre a porta para o próprio coração e para os corações das pessoas e também para o coração de Deus: um livro da vida, que nos guia para a vida.

> Livros podem não só tocar uma vida,
> mas também transformá-la.

Vela: um amor que ilumina o coração

Desde sempre, velas exerceram uma atração peculiar sobre as pessoas. Elas simbolizam luz e, assim, vida. Não é só na época do

Advento que gostamos de nos sentar diante de uma vela acesa, a fim de encontrar tranquilidade à sua luz.

A luz de velas é uma luz suave. Diferentemente de uma ofuscante lâmpada de néon, ela deixa algumas coisas no escuro. Aí há luz e sombras. E a luz é quente e agradável. A vela não é uma fonte de luz funcional, que tem que iluminar tudo de forma homogênea. Antes, ela fornece uma luz associada ao aspecto do misterioso, do caloroso, do amoroso. À luz de velas pode-se olhar para si mesmo, sem ter que iluminar tudo em si. Ali com meu olho suave consigo olhar para minha realidade muitas vezes tão dura. Nessa luz tenra, atrevo-me a me perceber e a me oferecer a Deus. Ali posso aceitar a mim mesmo.

A luz da vela não só ilumina, também aquece. Com o calor traz também amor para o quarto. Ela enche o coração com um amor que é mais profundo e misterioso que o amor das pessoas a que nos sabemos ligadas. Quem deixa essa luz entrar em seu coração, certamente pode imaginar que somos inteiramente amados, que o amor torna tudo em nós digno de ser amado. A luz da vela surge enquanto a cera queima. É uma imagem do amor que se consome. Ela pode se consumir, pois há cera o suficiente. Ela não precisa economizar. Porém, às vezes, é preciso aparar o pavio. Do contrário, a chama fica muito grande e solta fuligem. Há também um amor que é muito grande, em que gastamos energia. Ele não faz bem não só para nós mesmos, mas também para o outro. Ele sente a "fuligem" no amor, as intenções secundárias, o excesso de querer e fazer, que não ilumina, mas antes "solta fuligem".

Oração sem palavras.

A vela consiste em dois elementos: o primeiro é a chama, que simboliza o espiritual, uma vez que ela ascende ao céu. Dos padres do deserto conta-se que, ao rezarem, seus dedos se convertiam em chamas. Assim, a vela acesa é uma imagem para a nossa oração. É um costume popular que os peregrinos acendam uma vela nos locais de peregrinação e a coloquem sobre o altar ou diante de uma imagem de Maria. Eles expressam, com isso, a fé segundo a qual sua prece continuará enquanto a vela queimar. E esperam que, através de sua prece, a luz chegue a sua própria vida e ao coração das pessoas, para as quais acendem essa vela. O sacristão da "igreja de rodovia", em Baden-Baden, contou-me que muitas pessoas acendem diariamente uma vela diante da imagem de Maria. Ali comparecem muitas que, do contrário, nem vão mais à igreja. Mas querem acender uma vela para outra pessoa. Aí elas têm a impressão de que ainda poderiam fazer algo pelos outros e expressar sua solidariedade. Ainda que a oração seja difícil para elas, a vela acesa é uma espécie de oração sem palavras. Essa oração sem palavras ainda lhes é possível. É este o anseio mais profundo quando acendemos uma vela para outra pessoa: nós lhe desejamos que sua vida se torne mais iluminada e calorosa, que o amor de Deus supere a frieza em seu coração e que a luz afaste toda escuridão.

> **Em nosso corpo a luz de Deus quer resplandecer neste mundo.**

Para a Igreja antiga, a vela era um símbolo para Cristo, que é simultaneamente Deus e ser humano. A cera é a imagem da sua natureza humana, que foi consumida por nós, uma vez que ele se entregou amorosamente em nosso benefício. E a chama representa sua divindade. Assim, as velas que acendemos no Advento e no Natal nos lembram também do mistério da encarnação de Deus em Jesus Cristo. Na vela, o próprio Cristo está em nosso meio. E podemos sentir através dela: É Cristo que, com sua luz, ilumina e, com seu amor, aquece a nossa casa e o nosso coração. A divindade de Jesus resplandece justamente em sua natureza humana. Desse modo, a vela remete também para um mistério de nosso própria encarnação. Em nosso corpo, a luz de Deus quer resplandecer neste mundo. Podemos nos tornar, para os outros, uma luz que, como a vela, lança um brilho suave sobre tudo aquilo que eles não querem enxergar em si mesmos. Então, para eles, seremos, como a vela, uma fonte de vida e de amor.

No entanto, nós não acendemos uma vela somente para rezar e meditar. Também quando temos uma ceia festiva, acendemos uma vela. Os garçons de restaurantes elegantes acendem as velas assim que os clientes sentam à mesa. Nós acendemos velas por ocasião do aniversário de uma criança. Ainda que o filho ou a filha já seja adulto e more distante, acendemos uma vela junto a sua foto para pensar nele. Há muitas oportunidades em que acendemos velas. Seria bom se transformássemos o próprio ato de acender a vela em um ritual: eu acendo conscientemente essa vela, para que tudo fique mais iluminado e aquecido em mim, nas pessoas para as quais acendo a vela e nas pessoas que se reúnem em torno dessa vela.

Cruz: unidade de todos os opostos

Em muitos ambientes, uma cruz está pendurada na parede. Muitas vezes, nem a notamos. Algumas pessoas usam como pingente uma pequena cruz. Nos últimos anos, a cruz caiu um pouco em descrédito, como se fosse expressão da agressividade cristã ou glorificasse o sofrimento. No entanto, a cruz era, para os cristãos antigos, um símbolo da liberdade e do amor. João entende que Jesus nos amou na cruz até a consumação (Jo 13,1) e que ele nos abraça amorosamente na cruz (Jo 12,32). Desse modo, a cruz, que está pendurada na parede de nossa residência, nos convida simplesmente a nos sentarmos diante dela e meditar sobre ela. Podemos imaginar que Cristo estende os braços na cruz para abraçar tudo em nós, para abraçar os opostos que estão em nós. Pois a cruz é também um símbolo antiquíssimo da unidade de todos os opostos. A cruz me convida, portanto, a me abraçar com todas as minhas contradições, com minhas forças e fraquezas, com o saudável e o doentio, com o iluminado e o escuro, com minha confiança e meu medo, e, desse modo, aceitar-me inteiramente. Quando medito na cruz, posso também imaginar que Cristo abraça tudo o que está ferido em mim. E com Cristo abraço, então, a criança ferida em mim, que tantas vezes chora quando, ainda hoje, é ferida de maneira semelhante ao que acontecia na infância. Isso tranquiliza a criança ferida em mim e transforma lentamente seus ferimentos em pérolas.

A cruz era, para os cristãos antigos, também um sinal de proteção. Muitos dizem: quando uso a cruz como pingente sinto-me protegido. Mas também a cruz na minha residência é um sinal da proteção de Deus, a qual experimento em minha moradia. Estou protegido dos pensamentos e emoções prejudiciais que me afligem. E, nesse sinal, confio que também nosso convívio familiar está protegido do conflito e da discórdia.

A cruz é sinal de proteção e símbolo da superação do sofrimento.

Na cruz, Jesus experimentou no próprio corpo o que significa ser condenado, agredido e humilhado, ser pendurado na cruz, visto e escarnecido por todos. No entanto, ele não se deixou provocar pelos assassinos nem pelos escarnecedores. Ele até rezou pelos seus assassinos. Para Lucas, Jesus é o arquétipo do ser humano verdadeiramente justo, que não deixa que ninguém o arranque de seu centro interior. Lucas descreve a morte de Jesus na cruz como um espetáculo que nos transforma. Ao olhar para Jesus, o ser humano justo, nós mesmos nos tornamos corretos, justos, orientados para Deus, livres de todos os que nos hostilizam e ferem. Desse modo, a cruz é um sinal da esperança, de que o sofrimento não nos destruirá, mas nos abrirá para o amor, que é mais forte do que a morte.

Anel: sinal de proteção e dignidade

Anéis estão entre as joias mais antigas. Nós as usamos, no entanto, também em ocasiões especiais, em memória de certas estações da vida ou como expressão de uma determinada autocompreensão que apresentamos nesse símbolo. Um material raro e precioso, bem como um formato bonito estão entre as pecualiaridades do anel. No anel que usamos está a promessa de que Deus mantém unido em mim tudo que é quebradiço, que ele arredonda tudo o que é anguloso e que, como o anel, Deus se une a mim e circunda tudo em mim. Quando Deus circunda tudo em mim, encontro a minha integralidade. O anel é um símbolo de integralidade. E em seu formato redondo ele é, ao mesmo tempo, um símbolo da eternidade. Pois um anel não tem início nem fim. Os noivos se presenteiam um anel como símbolo de sua união. No casamento, os casais colocam um no outro o anel como sinal de seu amor e de sua fidelidade. E eles confiam que essa união dura para sempre, que tampouco pode ser destruída pela morte. O anel deve lembrá-los de que estão ligados um ao outro, que podem permanecer fiéis a si mesmos e ao outro, porque Deus se uniu a eles e permanece fiel a eles.

Os anéis de sinete sempre eram também um sinal de poder e de dignidade. O anel pode ser também uma imagem de uma distinção. O bispo usa seu anel, bem como o abade. No passado, ao saudar o bispo, beijava-se seu anel. De modo semelhante, no passado, havia o anel do funcionário público e o anel do doutor. O anel indica, portanto, a dignidade do seu portador. E o anel, que circunda o dedo, é um sinal de que somos protegidos e que nada pode nos causar dano.

Algumas pessoas giram seu anel quando estão conversando com alguém. Isso pode ser expressão de insegurança e embaraço. No entanto, quando o faço conscientemente, posso imaginar que Deus está ao meu redor como esse anel. Ele torna inteiro em mim o que está quebrado ou que ameaça se quebrar. E, no símbolo do anel, Deus me presenteia a minha dignidade. E ele me indica que estou protegido de tudo o que quer me ameaçar.

> **O anel é um símbolo da integralidade, e em seu formato redondo é, ao mesmo tempo, um símbolo da eternidade.**

Pingente: expressão de uma esperança

Muitas vezes, é um colar com um medalhão ou uma cruz. Pode ser, contudo, também uma rosa ou uma concha: muitas pessoas gostam de usar esses pingentes. Isso as lembra da pessoa querida que talvez use o mesmo sinal. Desse modo, o portador do pingente se sente unido a ela. Ao abençoar esses objetos, expresso-o sempre de modo a que o pingente lembre o portador que Deus está pendurado nele, que Deus o acompanha em todos os seus caminhos. Não há lugar em que Deus não está com ele. E Deus, pendurado em nós, nos lembra do seu amor. Ele nos acompanha a qualquer lugar com seu amor.

O pingente pode ser também um símbolo de proteção. Em épocas antigas, as pessoas usavam como pingente um amuleto. Ele deveria proteger dos perigos e livrar da doença. E, muitas vezes, o amuleto era entendido como portador de felicidade. Como cristãos não precisamos desse pensamento mágico. Mas quando deixamos abençoar nosso pingente, expressamos com isso que ele nos lembra de que Deus está fixado em nós, e que também nos protege. Nenhuma prática mágica nos ajuda. Deus é que pode nos livrar da doença. E ele é que nos traz felicidade verdadeira. Desse modo, também um pingente dessa espécie pode nos lembrar de que aí se expressa a presença curadora de Deus, que, em última instância, Deus é que livra da doença e dos perigos e nos dá paz interior e felicidade verdadeira.

Relógio: do momento oportuno

Nos cursos, quando faço a oferta de abençoar determinados objetos, muitos relógios são colocados sobre o altar. Os participantes têm a necessidade de deixar abençoar seus relógios. A bênção expressa que cada momento que vivemos é abençoado, que vivemos numa época abençoada. E o relógio me lembra de que eu mesmo devo viver inteiramente neste momento. Então, este momento se torna também uma bênção para mim e para outros.

> **Sou consciente de que cada momento que vivo já está sob a bênção de Deus.**

O relógio me lembra do mistério do tempo. O tempo pode se tornar *chronos*, um tempo que me devora, assim como Cronos, o deus primordial que devorou seus filhos. Nesse caso, o cronômetro, o relógio como medidor do tempo, determina o meu tempo. É um tempo estritamente programado, que sempre me dá a sensação de que não tenho tempo. A alternativa é que o tempo se torne *kairós*, tempo agradável. Depende de mim e de minha atitude tornar o tempo *chronos* ou *kairós*. Quando estou inteiramente no momento, quando não há nada mais importante do que estar presente agora precisamente nesse momento, então o tempo se torna para mim um tempo agradável, em *kairós*. Quando eu mesmo me coloco sob pressão e quero aproveitar cada minuto e olho constantemente para o relógio, para saber se já está na hora da próxima reunião, então o tempo todo se torna para mim *chronos*, um tempo que me devora. Também aqui depende da perspectiva. Olhar constantemente para o relógio durante uma conversa deixa o interlocutor incomodado. Ele tem a impressão de que não tenho tempo para ele, de que prefiro encerrar a conversa. No entanto, o olhar afetuoso para o relógio me faz lembrar esse momento é abençoado. O relógio abençoado quer me lembrar que cada momento que vivo já se encontra sob a bênção de Deus. Quando tenho consciência disso, viverei o tempo de outra maneira, e ele se torna o meu tempo, um tempo abençoado para mim e para as pessoas que encontro no tempo.

Meia hora de meditação é algo absolutamente necessário, exceto quando se está muito ocupado; então, precisa-se de uma hora inteira (Fracisco de Sales).

Porta: ligação e delimitação

Todos os dias, passamos por muitas portas. Batemos à porta quando, num órgão público, queremos tratar com o funcionário responsável. Esperamos diante da porta, quando tocamos a campainha da casa de um conhecido. E ficamos tensos para saber se ele está em casa e vai abrir a porta para nós. Muitas vezes, quase não notamos as portas. Para mim, sempre é salutar, depois de um curso em que conversei com muitas pessoas, ir à minha cela no mosteiro e fechar a porta atrás de mim. Então, tenho a sensação de que a porta agora me protege de outras pessoas. Através da porta vou para o espaço que me pertence. É claro que esse espaço não é totalmente protegido. Pelo telefone, alguém pode contornar a porta e, ainda assim, chegar ao meu quarto.

Dizemos que alguém abre portas. Ele não pode se limitar. Outros nos abrem portas, de modo que conseguimos estabelecer contato com pessoas que podem nos ajudar. Na tradição, a porta simbolizava sempre a transição de um âmbito para o outro, por exemplo, deste mundo para outro mundo, da esfera profana para a sagrada. No mosteiro, ainda temos um senso para a esfera sagrada do cela do monge. A porta me leva para minha esfera pessoal. Normalmente, quase não nos visitamos nas celas. Ela é a esfera privada de cada monge. Os monges da Idade Média cunhavam a expressão: *Cella est coelum*, que significa: "Minha cela é o céu", em que eu estou diante de Deus e com ele. A porta me conduz, portanto, para a esfera do sagrado.

Quando andamos através de grandes prédios, passamos por muitas portas. Cada porta leva-nos mais profundamente para os ambientes mais importantes. Muitas vezes, passamos desatentamente pelas portas. No entanto, deparamo-nos justamente com antigos prédios monacais, com portas veneráveis, artisticamente concebidas. Para conceber a porta da clausura, os artistas se esmeraram bastante. A porta valiosa indica que entramos num ambiente que é sagrado. Ainda mais ornamentais são as portas que levam para o interior das igrejas. Nelas, frequentemente Cristo está representado, o qual disse de si: "Eu sou a porta" (Jo 10,9). Jesus é a porta pela qual passam as ovelhas para apascentar. E ele é a porta pela qual devemos passar para sermos salvos. Cristo é, portanto, a porta para a vida, para a vida verdadeira.

> **O que leva para a vida verdadeira, para uma vida em que somos inteiramente nós mesmos?**

Quando considero atentamente uma porta, vem à minha mente algo da misteriosa palavra de Jesus. A porta leva-me a um novo espaço. Jesus nos promete que a porta com a qual ele se identifica leva à vida verdadeira, a uma vida em que somos inteiramente nós mesmos. Podemos entrar por essa porta para encontrar a nós mesmos, para encontrar o verdadeiro si-mesmo. Ao refletir sobre essas palavras de Jesus quando, diariamente, atravesso portas, serei mais atento ao abri-las e atravessá-las. Imagino que agora me dirijo para um novo espaço, para o espaço em que quero ser inteiramente eu mesmo, e para o espaço em que encontro outras pessoas que podem me indicar uma porta para a vida.

Fechadura e chave: o caminho leva à liberdade

Quando, nos cursos, convido as pessoas para colocar objetos no altar, os quais irei abençoar depois da celebração da Eucaristia, muitos depositam sobre ele também as chaves de seus carros ou da porta de suas casas. Elas intuem que a chave é mais do que apenas um intrumento funcional. Já a Bíblia utiliza a chave de forma simbólica. Consta no Profeta Isaías: "Colocarei a chave da casa de Davi sobre seus ombros: Ele abrirá e ninguém fechará, ele fechará e ninguém abrirá" (Is 22,22). A igreja antiga aplicou essa imagem a Jesus: Jesus é a chave de Davi. Se Jesus nos abre a porta para Deus, ninguém pode nos impedir de passar por essa porta, ninguém pode fechá-la. Mas Jesus pode inclusive fechar a porta, quando a pessoa se fecha para sua mensagem e, desse modo, exclui a si mesma da comunidade dos fiéis. Essa imagem da porta fechada é a imagem de uma pessoa que não está mais em contato com seu interior, que se desfaz no exterior de modo que a porta para seu coração está trancada.

Desejamos encontrar a chave com a qual podemos abrir a porta que leva ao coração de uma pessoa. Ou desejamos ter a chave que abre a porta para o caminho que nos conduz para uma vitalidade maior. Jesus fala da chave do conhecimento, da gnose. Ele mesmo nos dá essa chave, de modo que podemos reconhecer o mistério de nossa vida com Deus. No entanto, por outro lado, ele acusa os escribas: "Vós vos apoderastes da chave da ciência!" (Lc 11,52). E ele nos avisa que vivemos demasiadamente na esfera exterior. Então, pode ocorrer que o senhor da casa feche a porta, e nós acabamos ficando do lado de fora (Lc 13,25). Muitas vezes, sonhamos que temos a chave errada. Não conseguimos abrir a porta de nossa casa. Isso é sempre uma imagem de que perdemos o contato com nosso íntimo, com nosso coração. Posso imaginar que abro a porta que leva ao meu interior e encontro o caminho para o meu coração. E ao fechá-la posso imaginar que empurro tudo o que me oprime e ameaça para dentro de um espaço fechado, de modo que não possa continuar a me causar dano. A chave que fecha a porta do abismo me protege de todos os perigos da escuridão do inconsciente e do mal que me ameaçam no mundo. Desse modo, a chave se torna imagem do caminho que leva para a imensidão e a liberdade – e, ao mesmo tempo, para a proteção que nos oferece um espaço fechado.

5
Do encanto da natureza
Integrado em algo maior

No cristianismo, houve repetidos movimentos para compreender a natureza como importante lugar da experiência de Deus. Por exemplo, a devoção celta à natureza que, através da missão junto aos celtas, foi acolhida também na Igreja. O historiador francês Pierre Riché cita, numa contribuição à "História da espiritualidade", a canção de um eremita celta: "Eu moro numa floresta, que só meu Deus conhece... A música me é dada pelos meus pinheiros, meus altos pinheiros de música. A quem poderia, pois, invejar aqui? – Diga-me, meu querido cristão?"

Para os antigos cristãos, a natureza era um livro de Deus que todas as pessoas podiam ler. Somente no Iluminismo, o olhar se voltou para as obras escritas pelas pessoas. A religião tornou-se cada vez mais uma filosofia que queria nos transmitir o conhecimento sobre Deus. No entanto, esse conhecimento era muito abstrato. Somente no século XIX – por exemplo, no Romantismo –, surgiu um movimento contrário. Nesse momento, a pintura se ocupou de outra forma com a natureza. E também na espiritualidade, começou a irromper um novo senso pela natureza. O filósofo norte-americano Ralph Waldo Emerson (1803-1882) descreve, em seu ensaio sobre a natureza, suas caminhadas pelas florestas. Ali ele percebe "dignidade e santidade", e ele se experimenta como "fragmento de Deus". A experiência da natureza se converte em "revelação que o ser humano encontra em adoração piedosa" (LAUSTER, 570).

A natureza faz algo com nosso íntimo. E ela mesma se torna um lugar do encantamento por meio da experiência da proximidade de Deus. O contato com a natureza pode nos tocar profundamente e nos fazer sentir uma vitalidade que rompe tudo o que está enrijecido. Ao andar pela natureza, sinto essa vitalidade não apenas ao meu redor, mas também em mim. É, em última instância, o Espírito de Deus que permeia a natureza e, ao mesmo tempo, me mantém vivo. Da natureza parte a força da esperança de que também em mim tudo o que está enrijecido novamente será vivificado, de que tudo o que está esgotado em mim será renovado outra vez. Na natureza nos sentimos protegidos e profundamente integrados a ela. Ela é como uma grande mãe, que me alimenta, me sustenta e me dá proteção. Aqui posso ser como sou. Não tenho que provar nada. Simplesmente sou. Ao me familiarizar com a natureza, familiarizo-me com a vida, familiarizo-me com Deus. Posso ser assim como sou, com todos os altos e baixos, com minha escuridão e a minha luz, sou sua criatura, cheia de vida e de amor. O grande São Francisco de Assis transmitiu algo dessa experiência. Ele cantou a natureza. Célebre é seu cântico do irmão sol. Tudo se torna para ele uma parábola para a inconcebível bondade divina que ele encontra no sol, na lua, na água, no fogo. A natureza era, para Francisco, um lugar central de sua experiência de Deus. Esse tipo de espiritualidade diz respeito também hoje a muitas pessoas. Na tradição de São Francisco, pretendo descrever a seguir algumas experiências espirituais na natureza.

Paisagens da alma e locais de energia

Percebemos a natureza de forma global, como a unidade de uma paisagem, que é cunhada por certas peculiaridade da geografia e da natureza, bem como da cultura, que se deve aos seres humanos. Nas viagens para minhas conferências, vivencio as mais diversas paisagens. Na rodovia, muitas vezes, não consigo percebê-las em toda a sua beleza. Quando tenho tempo suficiente, passo pelas estradas secundárias. Ali consigo sentir muito mais a singularidade de uma paisagem. Vivencio-a de maneira ainda mais intensa quando faço caminhadas e posso permanecer parado e desfrutar de sua beleza. Ali surgem perspectivas sempre diferentes. Ali há áreas despovoadas, bem como habitadas, terras cultivadas ou naturais, há montanhas e vales, rios e campos. Há colinas suaves e rochas íngremes, árvores isoladas ou florestas inteiras. Há paisagens inóspitas e selvagens, bem como agradáveis, que produzem em mim uma atmosfera peculiar. A paisagem na Toscana, por exemplo, tem um brilho próprio. Sequer consigo descrevê-la muito bem. Somente sinto que ela me faz bem.

Ao olhar, tranquilizo-me. Agora inclusive o silêncio é audível.

Há paisagens que designamos de paisagens da alma, e locais que imediatamente são locais da alma para nós. Quando estou de férias com minha irmã em Murnau, está entre nossos rituais diários, depois de nadar no Riegsee, subir a colina sobre a qual se encontra uma pequena capela. Ali havia nos tempos antigos um santuário germânico em homenagem a Ostara, a deusa da fertilidade. Os cristãos ergueram nesse local uma pequena capela. Diante dela, há um banco. Nós gostamos de nos sentar nele e simplesmente olhar em silêncio para a paisagem. É uma vista maravilhosa. Diante de nós se encontra o Riegsee e o lago de Froschauer. As igrejas nos povoados refletem em nossa direção. E nós simplesmente olhamos. A natureza transmite paz, imensidão, beleza. É um local de energia, um lugar especial: para repousar, olhar, silenciar. Ao olhar, tranquilizo-me. É algo simplesmente belo, estar sentado ali e olhar. Não consigo descrever em que consiste o encanto – a variação de lagos, florestas, campos e, no horizonte, as montanhas: Herzogstand, Heimgarten, Alpspitze e Ettaler Manndl.

Outro local que amo particularmente é um lago em Murnauer Moos. Ali havia antigamente um aterro sanitário. No entanto, a um custo elevado, recuperou-se o local. E agora é um lugar em que muitos insetos têm seu *habitat*. Algo distante do caminho pelo qual passam seguidamente os ciclistas, ando através de uma densa relva até uma pequena colina. Também ali se encontra um banco. Sento-me nele e olho para o lago. Também essa vista é repleta de paz. Ali não se houve qualquer ruído de carros ou de tratores. Ali há puro silêncio. Somente os insetos zumbem. Mas seu sumbido não perturba o silêncio; antes, ele torna o silêncio audível. Sinto como me faz bem simplesmente estar sentado ali. Com tudo o que aflora em mim, estou protegido nessa natureza intocada, sou sustentado. Posso simplesmente ser. Não preciso produzir nem provar nada. Basta simplesmente estar ali, ficar em silêncio, perceber o silêncio que emana desse lugar.

Bancos são um convite para repousar. Aqui se pode desacelerar, deixar para trás a agitação e a pressa. Faz bem simplesmente olhar para a paisagem nos arredores da floresta e, ao mesmo tempo, para a imensidão da paisagem. Eu não preciso fazer nada, provar nada, não me justificar nem me defender. Simplesmente estou ali. E me sinto unido à natureza.

Muitas vezes, as pessoas colocaram bancos ali onde uma vista particularmente bela alegra os olhos ou onde podemos experimentar uma quietude singular. Essa beleza e essa quietude se irradiam. Sou grato. Penso nas pessoas que colocaram esse banco, que escolheram esse local para o banco. E, nesses momentos, sinto-me simplesmente parte da natureza. Pertenço a ela. E sou, ao mesmo tempo, observador e visitante da natureza. Ambos fazem parte do banco: a união com tudo o que é, e o olhar contemplativo, de modo que, ao olhar, me uno com o que eu olho. O simples ato de estar sentado e olhar já é, para mim, meditação. Aqui me sinto envolto e abraçado pela vitalidade de Deus, pela beleza de Deus.

Em toda parte encontro a beleza da criação de Deus.

Cada paisagem tem sua própria beleza. E quem olha para uma bela paisagem, deixa-a agir nele e se alegra com ela, não olha com o intuito de julgar. Quando deixo a beleza agir em mim, não estou mais numa relação de oposição, mas estou inteiramente unido com o que vejo. Quando olho para a paisagem com a perspectiva do amor, então ela é bela para mim.

O termo alemão *schön* [belo] origina-se de *schonen* [preservar]. Somente descubro o belo quando olho com olhos que não cobram, que não querem ter, mas que simplesmente deixam ser o que é. Também a beleza de uma paisagem quer, em primeiro lugar, simplesmente ser vista e observada. É certo que ela existe há séculos. Mas ela se torna real somente quando é observada e quando seu mistério é concebido e descrito com palavras. Viviencio uma paisagem de maneira ainda mais intensa, quando a percorro com amigos. Então fazemos juntos uma pausa e tentamos explicar com palavras uns para os outros o que vemos. Ali sucedem duas coisas: o olhar silencioso em conjunto – e as palavras que descrevem o olhar e que exprimem a beleza da paisagem.

Também as paisagens bastante familiares podem ser percebidas repetidamente de maneira diferente e singular. Em toda parte, encontro, em última instância, a multiforme beleza da criação de Deus. E porque descubro sua beleza na paisagem, meu coração se tranquiliza e a alegria se eleva do fundo da alma para a minha consciência.

As verdadeiras viagens de descobrimento não consistem em buscar novas paisagens, e sim em ter novos olhos (Marcel Proust).

Descobrir um oásis de quietude

Quando andamos através de uma metrópole, não só sentimos o efeito poluente das emissões de gases, também piscam em nossa direção os painéis luminosos de propaganda, os carros passam em alta velocidade e, nas estreitas e barulhentas áreas de pedestres, aglomeram-se as massas. Todos estão com pressa, a caminho dos negócios ou dos seus automóveis ou ônibus. Podemos identificar também aqui a presença de Deus? E como podemos experimentá-lo nessa atmosfera frenética, nesse mundo impelido pelo comércio?

Em meio a essa poluição, existem oásis de quietude. Quando saio do ruído do centro de Munique e vou para o Jardim Inglês, encontro muitas pessoas que ali buscam quietude e repouso. Mas sempre encontro também locais, por exemplo, um banco no qual posso me sentar sem ser interrompido. E, então, ao meu redor tudo fica quieto. As vozes dos visitantes não chegam até ali. Ou quando, vindo do centro de Nuremberg, caminho ao longo da margem do rio Regnitz, de repente não escuto mais nada do ruído da cidade. Quando me sento no gramado e simplesmente sinto o som do rio, repouso no centro da cidade. O fluxo tranquilo tranquiliza minha alma. Quando me envolvo inteiramente com a água e com o silêncio que a envolve, em meio à cidade percebo esse local como um oásis. Então, uma outra realidade irrompe na agitação da cidade.

Podemos conscientemente trilhar veredas que levam para dentro.

Há veredas que se pode trilhar conscientemente para experimentar a presença de Deus também nessa realidade difusa e confusa: a primeira vereda é escutar o próprio interior. Ajuda-me, muitas vezes, em meio à cidade turbulenta, recolher-me para o espaço interior de minha alma. Fico atento à minha respiração e deixo que ela me leve para o espaço interior do silêncio. Observo a respiração, como ela vem e vai, e pouco a pouco me aquieto. Os monges têm, para o que sucede na meditação, uma imagem: na parte de cima da água, as ondas oscilam para lá e para cá. Na cabeça, sempre está agitado. Ali constantemente emergem pensamentos. Mas quanto mais fundo se descer no mar, mais quieto ele se torna. Nessa quietude, experimento uma realidade que é maior do que tudo que é banal e pomposo, com que me deparo exteriormente.

Outra vereda é a seguinte: a partir dessa postura de quietude, olho para as pessoas que passam por mim apressadamente: pelo que anseiam? O que as move? Por que estão com tanta pressa? O que as impele? E quando acredito no espaço interior do silêncio que há em mim, acredito também que nessas pessoas agitadas, que à primeira vista nem se preocupam com Deus, há um anseio por algo mais. Acredito que todas essas pessoas – ainda que nem sempre estejam conscientes disso – anseiam, em última instância, por Deus. Quando vejo as pessoas com esse olhar, reconheço também Deus nelas. Na diversidade de rostos, vejo a face de Deus, que se reflete em todos esses rostos.

Deus habita no silêncio.

Posso também me afastar do ruído da cidade por um tempo e me sentar em uma igreja pela qual justamente estou passando. Simplesmente me sento, ouço o ruído só ao longe, desfruto o silêncio da igreja e me envolvo com a linguagem desse lugar, que sempre é também um silêncio remodelado, cheio de significado interior. As construções das igrejas latinas realçam a igreja como espaço maternal de proteção. As igrejas de estilo gótico direcionam nosso olhar para o alto. Elas querem nos indicar a grandeza de Deus e desviar nosso olhar das coisas terrenas. Nas igrejas de estilo barroco, o caminho leva para o espaço da comunidade e, por fim, para a esfera divina do presbitério. Seja qual for a linguagem específica desse espaço – imagino o seguinte: Aqui habita Deus, em meio à cidade. Nesse espaço, posso agora me sentar em silêncio; é uma prece sem palavras, uma existência diante de Deus. No silêncio, não há mais nada entre mim e ele. Ali sou um com ele, que está além de todas as palavras e imagens. A contemplação consiste em descobrir o templo interior em mim mesmo. E eu posso sentir: Em mim mesmo há um espaço do silêncio. Essa ideia ajuda a me libertar interiormente de tudo o que incide sobre mim. O silêncio salutar em mim me oferece um refúgio e força renovada.

E, ao sair outra vez dessa igreja, sei que essa cidade não se caracteriza apenas pela busca por dinheiro e diversão. Nas pessoas dessa cidade que aqui na igreja estão sentadas tranquilamente e rezam, pode-se experimentar a presença de Deus em meio ao *smog* da cidade. Isso me consola. E isso me permite voltar com uma nova confiança para o ruído da cidade. Sei que, também em meio à agitação, Deus está presente. Só preciso de sentido aberto para percebê-lo.

> *Os grandes eventos não são nossas horas mais ruidosas, mas nossos instantes mais silenciosos* (Friedrich Nietzsche).

Mistério salutar da floresta

A floresta é um lugar em que muitas pessoas buscam repousar, desligar, reabastecer, desconectar-se da agitação do cotidiano e relaxar. Nela experimentam algo salutar e protetor. Para mim, ela é também um lugar misterioso em que o ser humano pode fazer a experiência do sagrado, do encontro com Deus.

Eu gosto de passear na floresta. Então, posso experimentá-la com todos os sentidos. Eu a cheiro e sinto aromas completamente distintos. Uma floresta de coníferas tem um cheiro diferente de uma floresta de caducidófilas ou de arbustos frutíferos e clareiras repletas de flores. Olho para as árvores, vejo como suas copas balançam ao vento, admiro a luz que cai do alto através das árvores.

Sinto-me protegido por um mistério.

Faço uma pausa, olho para algumas árvores, vejo quanto cresceram ou como suas raízes formaram figuras singulares. Em tudo o que vejo, identifico um símbolo para mim mesmo: Estou enraizado como as árvores. E espero que minhas raízes sejam mais profundas do que vejo superficialmente, espero, em última análise, que estejam arraigadas em Deus. Ando através da floresta e sinto-me protegido nela, envolto por vida, amor e por um mistério que é maior que eu mesmo.

Às vezes, as densas copas das árvores se parecem com uma cobertura protetora. E desfruto, sobretudo, a tranquilidade. A floresta é um símbolo de proteção. Ela está, contudo, desde sempre, também envolta em mistério. Na interpretação dos sonhos, a floresta significa o inconsciente. A floresta nos conduz profundamente para o mundo inconsciente de nossa alma. Na floresta – assim consta nos contos –, habitam fadas más, bem como espíritos bons. Nela, animais vêm em nosso socorro. Desde sempre, o ser humano experimentou a floresta como algo numinoso.

Os índios no Peru estão convencidos de que o amor de Deus resplandece para nós através de uma árvore. Às vezes, ao ficar parado conscientemente diante de uma árvore e imaginar isso, sinto-me realmente amado. Sinto-me ligado à natureza. Não estou sob pressão. Não sou avaliado.

> É preciso um grande silêncio para ouvir a canção do mundo. Também a natureza silenciosa canta a beleza do mundo, tocada pela voz do vento.

Quando caminho por uma floresta de faias, vivencio as árvores como as colunas góticas de uma igreja. A floresta é, para mim, então, como um espaço sagrado em que me sinto envolto e protegido. Aqui experimento a presença de Deus. Sinto-me unido à natureza. Respiro o ar fresco e saudável e, com isso, o amor de Deus. A floresta – em que também pode se tornar visível o longo e intocado desenvolvimento da natureza – tranquiliza minha alma inquieta. Caminho, ouço o som suave e sinto-me evolto e protegido pelo silêncio que me circunda. Certa vez ouvi um som singular. Fiquei parado. Não podia explicar essa experiência. Mas estava profundamente tocado, tomado por algo que é mais que eu mesmo. Para mim, era o próprio Deus que havia me tocado no vento.

Mais tarde, reconheci essa experiência numa poesia de Nikolaus Lenau (1802-1850). Na poesia "A voz do vento", consta ao final:

> Ouça! Repentinamente, ele sacode as árvores
> E me desperta de meus queridos sonhos,
> Ouço, de repente, falarem as primeiras vozes;
> A alma assustada escuta o vento,
> Como as palavras do pai que chama o filho,
> que está brincando, para ir para casa.

Esse som do vento era audível, mas ele envolveu o corpo inteiro. Isso foi para mim uma experiência de Deus. Para mim a imagem do Pentecostes veio no sentido de que o Espírito Santo se tornou palpável para as pessoas numa tempestade. Era o Espírito de Deus que colocou em movimento algo em mim. Era como uma resposta a uma pergunta com que me ocupo na floresta: como se o próprio Deus me desse uma resposta ao som do vento.

Um pai perguntou ao seu filho por que ele sempre andava na floresta.
"Para buscar a Deus."
"Mas Deus não está por toda a parte?"
"Ele sim, mas eu não sou o mesmo por toda a parte"
(Elie Wiesel).

A árvore: uma imagem de nós mesmos

Em todas as culturas, as árvores são tratadas com reverência. Muitas religiões veem nela um lugar da presença de Deus. Na imagem da árvore, podemos encontrar também a nós mesmos. Quando alguém pinta a sua árvore da vida, pode-se reconhecer muito bem como o pintor concebe a si mesmo. Algumas dessas árvores quase não têm raízes. Em algumas, o tronco está rachado. Em outras, ele é tão grande que a copa das árvores não pode continuar a se desenvolver. A árvore é uma imagem de como a pessoa se vê.

Na imagem da árvore, a pessoa pode se reencontrar com sua própria história de vida. Como a árvore, a pessoa se enraiza na terra e desenvolve sua copa para o céu. O ser humano é um ser da terra e do céu. Porém, às vezes, ele não tem raízes. E, às vezes, ele não consegue se desenvolver o suficiente.

As diversas árvores são, além disso, imagens das diferentes qualidades do ser humano. A árvore decídua é um símbolo da necessidade de se soltar do antigo para que o novo possa crescer. A árvore conífera é uma imagem da vida eterna que Deus está disposto a nos ofertar. O carvalho simboliza força, masculinidade e tenacidade; a tília, por sua vez, tem um significado feminino. A oliveira simboloza a reconciliação entre Deus e o ser humano e era considerada pelo gregos como símbolo de força mental e conhecimento.

A Bíblia menciona com frequência a árvore. Já na história da criação, ela desempenha um papel relevante. No meio do paraíso, encontra-se a árvore da vida e, ao seu lado, a árvore do conhecimento do bem e do mal. O Novo Testamento retoma esse simbolismo. Da árvore, que se torna a maldição para as pessoas, é feita a cruz. Ela anula o mal que a árvore do conhecimento do bem e do mal trouxe para as pessoas. A cruz é a árvore da vida verdadeira, que estava no paraíso e que, por causa da expulsão do paraíso, não continuava acessível. A arte do início do cristianismo representa a cruz, frequentemente, como uma árvore da vida com muitos ramos coloridos c muitos pássaros nos ramos. A árvore da cruz liga céu e terra, Deus e ser humano. Ela cumpre todas as promessas que as pessoas alguma vez relacionaram com a árvore. A cruz cria proteção, reconcilia os opostos em nós e nos preenche com o amor de Deus. Ele nos dá a amplitude que a arte relacionou com a árvore da vida da cruz. Em São Clemente, em Roma, a árvore da vida da cruz tem longos ramos que parecem envolver o mundo inteiro. E sobre esses ramos estão sentados pássaros que cantam alegremente.

À imagem da árvore a Bíblia associa promessas.

No Evangelho de Lucas, Jesus conta a parábola da figueira que não dá frutos e deve ser contada. O jardineiro resiste e diz: "Senhor, deixa-a ainda por este ano, para que eu cave ao redor e ponha adubo. Talvez ela dê fruto; se não der, madarás cortá-la depois" (Lc 13,7-9). É uma bela parábola que mostra a paciência de Jesus – não só com a cidade de Jerusalém, que é representada na imagem da árvore. Aplica-se também a cada um de nós. Somos como uma figueira que não produz frutos. No mundo antigo, a figueira era símbolo da fertilidade e também do amor, pois é sagrada para Dionísio. Mas ela é também um símbolo de conhecimento e iluminação espiritual. Buda recebeu sua iluminação debaixo da figueira. Jesus viu Natanael sentado debaixo da figueira. Ele percebeu que esse israelita era uma pessoa piedosa, que se empenhava pelo conhecimento de Deus e pela iluminação (Jo 1,48). No entanto, muitas vezes vivemos sem fervor espiritual, sem iluminação e sem amor. Uma árvore tão estéril deveria ser cortada. No entanto, Jesus nos defende. Dito no contexto da imagem: com seu amor ele quer cavar o solo ao nosso redor e adubar com sua graça, para produzirmos frutos e para o seu amor florescer também em nós.

Caminhar: experimentar a liberdade interior

Das férias faz parte a caminhada. Caminho pela floresta, pelos campos e gramados e por longas distâncias através de belas paisagens. O termo alemão *wandern* [caminhar] está ligado a *wandeln* [transformar]. Quem caminha se transforma. Também conhecemos a expressão de que alguém caminha de um lado para o outro. Os filósofos gregos desenvolveram sua filosofia caminhando. Os alunos de Aristóteles eram chamados de peripatéticos, pois seu mestre ensinava sua doutrina num pátio onde se podia caminhar (*peripatos*). Caminhar e transformar, portanto, torna a pessoa sábia. Caminhando pode-se reunir suas experiências.

Os poetas romanos tematizaram repetidamente a caminhada. Caminhar faz parte da essência do ser humano. Trata-se, nesse caso, de deixar antigos hábitos. E ao migrar para o exterior emerge, ao mesmo tempo, o mistério do país natal. Caminhar mantém o ser humano com vida. No poema de Joseph von Eichendorff "Allgemeines Wandern", consta na 3ª estrofe:

> E aos que no vale deterioram,
> presos às sombrias preocupações.
> Ele quer a todos atrair
> para essa peregrinação.

O poeta quer convidar todos a se juntarem à caminhada, principalmente, porém, aqueles que, em casa, se atormentam com suas preocupações. Ao caminhar o ser humano pode experimentar uma liberdade interior. Ele se alegra com a criação. E na medida em que o ser humano se envolve com a caminhada, algo se põe em movimento em sua alma. Resolvem-se algumas das preocupações que pesam sobre ele. Ele caminha para a serenidade e liberdade interiores. Ele vivencia o mundo de maneira diferente. Assim consta na 5ª estrofe desse poema:

> Aí o mundo se torna tão alegre
> E pega o calçado para a caminhada,
> Sua querida também vai junto,
> Ela concorda discretamente.

Sempre é preciso amigos com quem caminhamos. Com os amigos vivenciamos a beleza das criação de maneira mais intensa. Reciprocamente, chamamos a atenção para a beleza do vale. E sentimos que caminhando podemos experimentar uma comunhão profunda. Ao caminhar em conjunto podemos nos divertir bastante. E a experiência mostra que ao caminhar nos unimos uns aos outros, nos sentimos sustentados pelos outras pessoas que percorrem o caminho e nos apoiam durante a caminhada.

Ao caminhar, o ser humano pode se alegrar com a criação. E, ao se envolver, algo se põe em movimento em sua alma.

Movimento que liberta

Conheço muitas pessoas que regularmente correm na natureza. *Joggen* [correr] vem do termo inglês *to jog* = correr ou trotar e se refere à corrida lenta. Foi somente a partir dos anos de 1960 século passado que essa prática se tornou algo moderno. Muitos esperam que o ato de correr lhe proporcione uma saúde melhor. Outros esperam perder peso com as corridas. Mas sempre que a corrida é desvirtuada, ela perde seu verdadeiro sentido. A corrida lenta pode se tornar uma meditação. Corro de maneira constante, sem me esforçar em demasia. E essa corrida simples pode se tornar um ato de correr libertando-me de todas as tensões internas. Posso correr libertando-me da irritação e da raiva, que se acumularam no trabalho. Ou ao correr posso experimentar a leveza interior: com cada passo toco o chão e decolo de novo. Não fico parado. É uma movimentação interior que me faz bem. E eu tenho a sensação que sinto a mim mesmo, sinto o meu corpo, sinto a minha respiração.

> É um movimento interior que me faz bem. Sinto a mim mesmo. Posso correr libertando-me.

Só sinto o efeito libertador da corrida quando não a desvituo. Há pessoas que olham constantemente para o relógio para conferir se estão correndo rapidamente. Outras olham para seu hodômetro e se colocam sob pressão de correr o maior número de quilômetros possível. Nesses casos, contudo, elas deixam de se concentrar na corrida e passam a refletir sobre o ato de correr. Porém, a arte de correr consiste em simplesmente se entregar à corrida. Somente aí me liberto de todas as preocupações, irritações e decepções. Sinto a mim e a minha força interior. Isso me faz bem.

Nas montanhas, o coração se amplia

Em todas as culturas, as montanhas são associadas a algo misterioso, sim a uma noção do mistério da própria existência. Nelas interpela-se nossa alma, não só nosso corpo. Podemos sentir com todos os sentidos quão grande é a criação. Também a presença de Deus se torna perceptível. As altas montanhas são designadas de "morada dos deuses" nas religiões naturalistas, na região do Himalaia e das montanhas do Tibet, bem como nas culturas indígenas da América do Norte, na África ou na região dos Andes peruanos. "Tudo que é sagrado é alto como as montanhas ou se torna elevado", diz-se na Índia. As montanhas se subtraem, já pela sua altitude, a tudo que é profano-cotidiano e elas são expressão visível da força do divino na natureza. Mitos antigos contam a esse respeito e colocam a quietude das montanhas em relação com a força original, com a força de um centro que move tudo.

Muitas veredas levam a Deus, uma passa sobre as montanhas.

Isso se aplica não apenas às montanhas bem altas de nossa terra. Para mim, é válido também para as montanhas de minha terra natal. Repetidas vezes, passo aqui o período de minhas férias anuais, caminhando pelas trilhas nas montanhas. O caminho sobre a montanha é, também em nossa região, muitas vezes íngreme e árduo. No entanto, quando chego ao topo, experimento a recompensa por todo o esforço, mesmo que a respiração ainda seja intensa: ali se abre o olhar, e subitamente o coração se amplia. Então, simplesmente olho para a imensa paisagem. Vejo os diversos cumes que podem ser vistos lá do alto. Na cruz de cume, com frequência se encontram muitas pessoas tirando fotos. Ali, às vezes, acontecem muitos eventos, em especial no fim de semana das férias. No entanto, quando estou nesse local, preciso de minha tranquilidade. Quero simplesmente desfrutar o fato de estar nesse lugar. Quando me sento tranquilamente e simplesmente olho para a beleza da paisagem com suas diversas montanhas, cada uma com seu formato peculiar, isso é também para mim uma experiência de Deus: experimento Deus em sua beleza. E quando olho para a imensidão, lembro-me também das várias experiências de montanhas mencionadas na Bíblia. Ela faz referência ao monte da transfiguração. É uma experiência original, que nós mesmos podemos fazer repetidas vezes. Sobre o monte tudo fica claro, ali se abre o céu, e a luz ilumina não só a paisagem, mas também nossos corações. Nosso rosto se transfigura. Todos os papéis e máscaras caem. Intuímos algo da imagem original e autêntica que Deus fez de nós.

Após um dia nas montanhas retornamos transformados para o vale, para o nosso cotidiano.

"De repente, tenho uma noção da presença evidente e imutável da eternidade. Meu coração se tornou amplo." Essa experiência é descrita num pequeno livro pelo meu irmão Fidelis Ruppert, que durante muito tempo foi abade no nosso mosteiro em Münsterschwarzach. O título do livro é uma frase de João da Cruz, na qual ele se dirige a Deus, seu amado, na imagem das montanhas colossais: "Meu amado, essas montanhas colossais!" P. Fidelis relata que, em sua primeira viagem ao Peru, montado num cavalo, cavalgou através de um terreno acidentado de uma região montanhosa coberta de geleiras. A frase de São João da Cruz o toca a partir da alma: "Havia em mim simplesmente uma profunda quietude e a convicção de que Deus estava ali, imenso e potente, mas ao mesmo tempo cheio de quietude e paz, assim como as montanhas elevadas que, há séculos ou milênios, simplesmente estavam ali e irradiavam quietude". Sua reação: amplitude e alegria no corpo e na alma, grande gratidão.

Presença imutável da eternidade.

"Muitos caminhos levam a Deus – um deles passa sobre as montanhas!" Essa frase consta numa cruz de cume nos Alpes. Quando eu mesmo estou sentado tranquilamente na montanha, penso em Jesus, que – como relata repetidamente o Evangelista

Lucas – gostava de se retirar sozinho para o monte e ali rezava durante a noite inteira. No âmbiente de silêncio, ele estava sozinho com seu Pai. Também nós temos a noção de que no cume das montanhas estamos mais próximos de Deus. Em nosso alma está a imagem original de que devemos subir até Deus. João da Cruz relata a subida ao monte Carmelo. Era para ele uma imagem da ascensão mística a Deus. Esse caminho passa por alguma escuridão e neblina, por esforços e dificuldades, para então no cume do monte intuir algo da luz radiante de Deus. Nessa luz, subitamente tudo fica claro. Lá embaixo no vale não havíamos entendido o sentido de nossa vida. No cume da montanha, muitas vezes algo se esclarece. Ali vemos claramente o que realmente está em jogo na nossa vida. Esquecemos nossas pequenas preocupações e nosso egocentrismo. As subidas e descidas de nossa vida revelam, subitamente, outro significado. Retornamos transformados para o vale, para o nosso cotidiano. Também porque nos tornamos abertos para a indescritível luz de Deus, que resplandece em nós sempre de maneira diferente nas experiências luminosas singulares que, muitas vezes, podemos fazer no alto das montanhas.

Muitos caminhos levam do vale para o monte,
mas no cume todos ficam admirados com uma única lua
(Ikkyu, poeta Zen, 1394-1481).

Montanhismo: ter o objetivo sempre em vista

Montanhismo é um tipo peculiar de caminhada. Sobe-se a montanha. Há caminhos sinuosos que sobem lentamente. E, repetidas vezes, há penhascos em que é preciso dar cada passo de forma precisa e atenta. Cada passo requer esforço. Pois o caminho é íngreme, e eu começo a suar espontaneamente. Às vezes, me perguntou por que faço isso comigo. No entanto, quando faço conscientemente, o ato de escalar se torna repetidamente em símbolo da vida. Tampouco a vida tem êxito sem luta, sem esforço. E, desse modo, sigo em frente passo a passo, ainda que isso requeira esforço, os pés doam e a respiração fique difícil, e ainda que sue cada vez mais intensamente. Não desisto. Sigo adiante. Tenho um objetivo: quero escalar essa montanha ou chegar até o próximo abrigo. Alegro-me com a vista que me espera no final. O objetivo me dá força. Requer disciplina e exige que eu não fique parado a cada passo. Assim, a escalada se converte em um exercício para a vida: não permito que as dificuldades e adversidades me impeçam de continuar a lutar. Apesar de todas as dificuldades, vou repetidamente ao trabalho. Enfrento os problemas no trato com a família, ainda que isso gaste minha energia. Enfrento meus próprios problemas, que espero superar da mesma maneira que transponho as falésias ao escalar um paredão rochoso ou os longos e intermináveis caminhos sinuosos. Continuo, persisto, avanço passo a passo, embora ainda não veja o cume, nem saiba quão longo ainda é o caminho.

Desde minha juventude, o montanhismo era um exercício para a vida. E esse exercício certamente me ajudou mais tarde a estudar com disciplina ou a escrever um livro até o fim, ainda que houvesse reiteradas fases de frustração ou de relutância. Desse modo, o montanhismo pode se tornar uma forma própria de meditação. Medito-me para dentro de minha vida. E antecipo, de certa forma, os desafios que me esperam no cotidiano, no trabalho. E, ao mesmo tempo, na escalada cresce a confiança de que, também no cotidiano, eu revele essa disciplina de lutar e superar todas as dificuldades.

E quando eu escalava montes, a quem procurava nos píncaros, senão a ti?
(Friedrich Nietzsche. Assim falava Zaratustra).

Flores: beleza que quer florescer em nós

"Flores são o pão da alma", diz-se na China: elas são alimento da alma como expressão de alegria e beleza. Em todos os países, nas mais diversas regiões climáticas, crescem flores cujo esplendor repetidamente nos surpreende e alegra e que sobre seu significado refletimos. Flores fascinaram, desde sempre, as pessoas. Nós as colocamos em nossa sala. Trazemos flores para o anfitrião que nos convidou. Oferecemos flores à parceira ou namorada em seu aniversário ou quando queremos mostrar-lhe nosso amor de maneira especial. Floriculturas fazem propaganda com o *slogan*: "Deixe as flores falarem!" Mas conhecemos também a expressão: "falar através das flores". E nos referimos a uma linguagem "floreada", quando alguém fala em frases bonitas, mas não indica claramente o que realmente quer. Outros, por sua vez, dizem a verdade "sem floreios". Contudo, isso é, muitas vezes, algo desagradável.

A flor com seu botão é um símbolo da culminância e do essencial. Cada um tem sua preferência por certas flores. Para alguns, são importantes principalmente as cores das flores. E cada cor tem seu próprio significado. A flor azul, a qual Novalis se refere em seu romance *Heinrich von Ofterdingen*, é uma imagem do anseio romântico que vai até o infinito. Flores amarelas simbolizam o sol. Flores brancas estão relacionadas à tradição com a morte, bem como à inocência. Flores vermelhas simbolizam o sangue – e, por um lado, o amor e, por outro lado, (na tradição cristã) o martírio em que entregamos nossa vida em favor dos outros.

Florir e murchar, vir a ser e morrer.

Entretanto, as flores não só florescem, mas também murcham. Elas também são símbolo da transitoriedade e da volatilidade, do vir a ser e do perecer. Já na Bíblia consta que: "O homem é como a flor que desabrocha e logo cai; uma sombra passageira que não dura" (Jó 14,2). No entanto, elas remetem também para o amor: "Aparecem as flores na terra, chegou o tempo da poda", consta no Cântico dos cânticos (Ct 2,12). E a flor é um símbolo da pessoa que floresce: "Fiz com que crescesses como uma flor no campo. Cresceste, te fizeste grande, chegaste à idade núbil" (Ez 16,7). Desse modo, podemos considerar a flor como imagem da nossa vida. E podemos nos perguntar se estamos na fase de sair do botão, na fase de florescer ou da plena floração – ou se já murchamos. Então, é válido dizer sim para o fato de que murchamos, para que algo novo possa florir em nós.

Porque sua beleza mexe comigo, gosto de permanecer parado mais tempo para observar uma flor: o caule, a floração, as pétalas. Cada uma tem sua própria beleza. E cada uma expressa algo do mistério de minha própria condição humana. A prímula é símbolo da chave do meu coração. A violeta é sinal de humildade; a margarida é sinal de inocência; o lírio-do-vale é imagem de alegria com a vida nova que floresce na primavera. O verbasco nos leva ao mistério de nossa própria vida e de nossa própria dignidade real, que quer nos resguardar de sermos curvados ou dobrados pelos outros. Ela simboliza a sinceridade, a clareza, a força e a mobilidade. Quando medito sobre o verbasco, sinto que quero me erguer, que me torno consciente de minha própria dignidade real.

O girassol com suas pétalas dispostas em forma de raios tornou-se, no cristianismo, símbolo do amor de Deus. Ele me convida a me voltar repetidamente para Deus, para permitir que seu amor flua em mim. Em escritos cristãos, o girassol é considerado o modelo da alma que deve orientar seus pensamentos e sentimentos constantemente em Deus. Desse modo, ele se torna símbolo das orações, em que repetidamente nos dedicamos a Deus, para permitir que seu amor e sua luz flua em nós. Em cada flor vejo não só a beleza, mas busco reconhecê-la e compreendê-la em seu simbolismo.

Flores sempre exprimem também a juventude, o desabrochar da vida juvenil. Elas são sinais do inverno superado, também do inverno superado da alma. Elas indicam que em nós algo floresce, que nós florescemos. Gerhard Tersteegen aplicou a imagem da flor à nossa relação com Deus: "Como as flores delicadas estão dispostas a se desenvolver, quietas ao sol, permita-me, quieto e alegre, captar teus raios e deixar-te agir". Quando nos entregamos a Deus, seu amor penetra em nós e nos leva a florescer.

Já a imagem da rosa suscita emoções e associações que excedem a descrição botânica. Rainer Maria Rilke conta a história de uma pedinte a quem ele havia dado uma rosa em vez de dinheiro. A pedinte olhou para ele radiante. E, durante uma semana, ela não apareceu para pedir esmola. Para uma mulher que perguntou de que a pedinte teria vivido durante essa semana, o poeta respondeu: "Da rosa". É a beleza que nos alimenta.

O roseiral também é uma imagem do paraíso. O paraíso está cheio de belas flores. Elas nos remetem, por isso, já aqui, para a vida paradisíaca que nos espera. Mas já aqui devemos intuir, em sua beleza, algo da beleza eterna para a qual somos chamados.

Nas flores vejo a expectativa do paraíso e o mistério da vida.

Ao mesmo tempo, remetem-nos também para a beleza que agora já está em nós. Rosas nos lembram que nós vemos e reconhecemos o belo em nós mesmos. Quando nos olhamos com amor, somos belos. E quando olhamos para uma pessoa de forma tão amorosa como uma bela rosa, então a tornamos bela e aí ela é bela para nós.

Desse modo, as flores são sinal para aquilo que quer crescer e florescer em nós. O florescimento é visto atualmente na psicologia como sinal de maturidade e de vida bem-sucedida. Dizemos de uma pessoa cuja vida se tornou uma bênção para os outros: ela floresceu. E o florescimento está relacionado também com o amor. Quem conhece o amor floresce, sua beleza se torna visível também para outras pessoas.

Portanto, quando olho mais profundamente, veja também numa flor mais do que uma flor. Flores se tornam imagens: símbolo para a morte e a ressurreição, para o amor e para a alegria. Tudo isso posso reconhecer ao observar uma flor por bastante tempo.

Se quiser conhecer a felicidade fica quieto para ouvir o desabrochar da flor (Provérbio japonês).

Pássaros: uma imagem de nossa alma

Fascina-me sempre observar como os pássaros procuram comida sobre a terra e como novamente voam para longe. E gosto de ouvi-los gorjear. Há pessoas que identificam os sons dos pássaros: o canto belo e claro do rouxinol, o som melódico do melro ou o som característico do tentilhão. Os pássaros eram considerados, desde tempos imemoriais, como mediadores entre céu e terra. E, em histórias e narrativas antigas, eles são, frequentemente, imagens da alma. Eles surgem em nossos sonhos e simbolizam liberdade, fantasia e pensamentos, como forças da alma. E, já na arte dos primórdios do cristianismo, os pássaros aparecem como símbolos das almas redimidas.

> **Mexe com meu coração ouvir o canto dos pássaros.**

Jesus nos convida a considerar os pássaros como imagem da despreocupação e da confiança: "Olhai os pássaros do céu: não semeiam, nem colhem, nem guardam em celeiros, mas o Pai celeste os alimenta" (Mt 6,26). Pássaros representam a leveza da vida. Eles cantam cheios de alegria, na confiança de que Deus cuida deles. É claro que Jesus não quer dizer aqui que devemos nos identificar inteiramente com os pássaros. Pois nas histórias da criação, Deus convida as pessoas a cultivar o campo e prover o próprio sustento. No entanto, em meio a nossa preocupação temerosa de saber se conseguiremos assegurar nosso sustento, devemos repetidamente olhar para os pássaros, que são despreocupados e, ainda assim, alegres.

> **Pássaros representam leveza e liberdade, confiança e alegria.**

Jesus utiliza, no entanto, também outra imagem. Os pássaros fazem seus ninhos. Neles se sentem em casa. O ser humano, porém, está neste mundo sem casa. É verdade que ele constrói casas para si. Mas elas não podem lhe oferecer um lar definitivo.

O ser humano está sempre a caminho para a morada eterna (cf. Mt 8,20).

De outra experiência fala o salmista: "Fico acordado: tornei-me qual pássaro solitário no telhado" (Sl 102,8). Não só na Antiguidade se capturava pássaros com redes para comê-los. No Sl 124,7 consta: "Nossa alma escapou como um pássaro do laço dos caçadores: ao romper-se o laço, nós escapamos". O pássaro simboliza, portanto, a nossa liberdade. Podemos evitar os perigos ao deixar nossa alma voar para o alto como um pássaro. Na infância, colocávamos alimento para os pássaros em nossas mãos e nos alegrávamos quando um chapim-real vinha e pousava sobre nossa mão para debicar o alimento. Pássaros são tímidos. No entanto, quando um pássaro sente confiança em nós, nos sentimos ligados a ele de maneira profunda. Consta que São Francisco e Santo Antônio pregaram para os pássaros. Os tímidos animais ouviam atentamente e, então, respondiam com seu canto alegre. Ouvi-los mexe com o meu coração.

Quando tenho um ramo verde em meu coração, também um pássaro virá e cantará (Provérbio chinês).

Na neblina: envolto em sua proximidade

É uma imagem antiga que nossa vida terrena é uma peregrinação. No entanto, ela é também uma imagem espiritual que inclusive pode deixar clara nossa relação com o divino e em que podemos expressar a experiência da proximidade de Deus. Justamente nos dias sombrios de novembro, experimento muitas vezes o seguinte: é uma sensação singular caminhar ou passear na neblina. O fato de que a neblina envolve a pessoa não é, para mim, uma experiência negativa, mas uma imagem da proximidade de Deus: uma proximidade que me envolve da mesma forma que a neblina. Passo, por assim dizer, pela presença salutar de Deus, a qual cobre tudo com um véu suave. Sinto não só o ar que me rodeia, mas também a neblina. Vejo as árvores através do véu da neblina. Tudo é envolto pela presença de Deus. Assim como ando através da neblina, ando através da presença salutar de Deus.

> Podemos fazer a experiência de que estamos unidos com Deus e com natureza inteira da mesma forma que a neblina se estende sobre tudo.

Hermann Hesse meditou num poema sobre outro aspecto da neblina. Na sua opinião, a neblina lembra a solidão do ser humano:

> É estranho caminhar na neblina! Viver é ser solitário.
> Nenhuma pessoa conhece a outra. Cada uma está sozinha.

A neblina é, portanto, também uma imagem para o fato de que caminhamos sós pelo mundo. Há âmbitos que não podemos compartilhar com ninguém. E, para Hermann Hesse, a neblina é uma imagem da escuridão interior. Hesse sofria de depressão. A depressão é uma escuridão que nos separa de outras pessoas. Sentimo-nos incompreendidos. Mas essa experiência pode se tornar também uma tarefa e nos deixar sábios. Podemos transformar a escuridão na brancura suave da neblina e intuir na solidão a união com tudo o que existe. Então, também a neblina pode nos conduzir a uma profunda experiência espiritual: a experiência de que estamos unidos com Deus e com a natureza inteira, da mesma forma que a neblina se estende sobre tudo. Nesse caso, a solidão não será dolorosa, mas um lugar de silêncio, um lugar de isolamento. O isolamento é, segundo Mestre Eckhart, uma expressão de profunda experiência de Deus. Isolamo-nos de toda atividade exterior, mundana, para nos unir com o fundamento de todo o ser, com Deus, que permeia todas as coisas.

A neblina pode se estender sobre todas as coisas. Mas assim como ando através da neblina, ando através da presença salutar de Deus.

A caminho na neve

Para mim, sempre é uma profunda experiência interior andar através de uma paisagem coberta de neve. Sinto os passos, nos quais afundo na neve. Então, porém, olho para a paisagem: a neve cobre todas as coisas. As cercas não são mais visíveis, nem os caminhos, tudo está soterrado pela imensa camada de neve. A neve parece um macio cobertor de lã que cobre tudo o que eu gostaria de esconder em minha casa. Isso é uma imagem de mim mesmo. Na paisagem nevada, não devo escavar no meu interior e analisar todos os erros e fraquezas. Cubro tudo com um cobertor da indulgência e da misericórdia. E confio que, sob o cobertor, em algum momento, surgirá uma nova vida.

A paisagem nevada respira silêncio. E esse silêncio me faz bem quando passeio. Permaneço parado com frequência e aprecio o silêncio. E, nesse silêncio, abro-me para o mistério que envolve a todos nós. Abro-me para Deus, cujo amor cobre meus erros e tudo que é irregular e desagradável. E confio que a quitude que parte da paisagem nevada se transmite também para mim, que encontro em mim o lugar de quietude em que habita o amor de Deus. A esse lugar, tampouco tem acesso meus erros e minhas fraquezas nem meus sentimentos de culpa para causa de minha fragilidade. Ali tenho acesso a um espaço de silêncio e de clareza em mim, que não está mais obscurecido pelos sentimentos de culpa. E a neve, sua pureza e clareza, se torna um símbolo para graça de Deus. E eu confio que a graça que cobre também transforma todas as coisas em mim.

> **A paisagem nevada respira silêncio. E esse silêncio me faz bem. E, nesse silêncio, abro-me para o mistério que envolve todos nós.**

E, no decorrer de fevereiro, a neve derrete e, no parque do mosteiro, brotam do chão as primeiras campânulas anunciando a primavera e trazendo a esperança para a vida, esperança de superação da resignação e da paralisia, da frieza e da depressão.

Essa pequena flor se torna mensageira de uma nova esperança que emerge em mim: vale a pena viver. Repetidamente florescerá vida nova em mim, apesar de toda fragilidade que há em minha vida.

> *Nenhum floco de neve cai no lugar errado*
> (Sabedoria Zen).

Imensidão e infinito: no mar

A vivência do imenso e amplo mar causou, desde sempre, uma profunda impressão nas pessoas. Ali havia a impressão da força espumante e da grande fúria da natureza. No mundo antigo, as pessoas tinham respeito pelo mar. A viagem de navio era repleta de perigos. Veneravam-se deuses náuticos que deveriam conduzir as pessoas em segurança através do mar. Nos Atos dos Apóstolos, Lucas descreve a dramática viagem do apóstolo Paulo para Roma. O barco entrou numa tempestade. Desapareceu toda esperança de salvação. No entanto, Paulo se levantou e clamou aos marinheiros: "Tende coragem, pois só o navio vai perder-se. Nenhum de nós há de perder a vida" (At 27,22). Desse modo, antes de cada viagem marítima, pedia-se a proteção de Deus.

> **Ao olharmos para o mar, nossa vista se amplia e antevemos algo da infinidade de Deus, na qual, nós, pequenos seres humanos, tomamos parte.**

Até hoje, o mar é, para as pessoas, um símbolo de inesgotável força vital. Quando se observam as ondas, percebe-se de forma inteiramente direta essa força infinita. Quando olhamos para o mar, tomamos parte nessa força. Sentimo-nos renovados, fortalecidos e interiormente ampliados. No entanto, o mar também pode devorar. Podemos afundar no mar. Vida e morte estão, portanto, muito próximas uma da outra.

Para os místicos, o mar era, porém, uma imagem da união com Deus. O mar refletia, para eles, algo da infinidade de Deus. Também isso é uma experiência antiga: conta-se que Agostinho, ao passear na praia, observou uma criança que escavara um buraco na areia e com uma concha na mão corria até a água, tirava água, corria de volta e a derramava no buraco, repetidas vezes. E à pergunta "O que estás fazendo?" a criança respondeu: "Estou vertendo o mar neste buraco!"

Visto que Agostinho – que na ocasião escrevia um livro sobre a Trindade – riu, a criança lhe disse: "Tu ris de mim, mas imaginas poder captar a grandeza e a inescrutabilidade de Deus com teus pequenos pensamentos!?"

Os místicos imaginam que, na meditação, nos unimos a Deus, assim como as ondas que, cada qual com seu próprio formato, são parte do mar: "No mar, todas as gotas se convertem em mar. A gotinha se torna mar quando chega ao mar: a alma se converte em Deus quando é acolhida em Deus", assim consta no texto *Cherubinischen Wandersmann* [O peregrino querubínico] de Angelus Silesius.

O mar era também uma imagem da riqueza. Ele representa não só tesouros não descobertos. Ele está repleto de peixes que nos alimentam. Desde sempre, presumia-se que no mar havia tesouros ocultos. Desse modo, o mar é, para a psicologia de C.G. Jung, uma imagem para a riqueza da alma e para o inconsciente, em que estão ocultos muitos tesousos não descobertos.

É por isso que também os artistas eram atraídos repetidamente pela imensidão do mar. Thomas Mann, que nasceu no Mar Báltico e viveu por muito tempo na costa do Pacífico na América do Norte, escreveu que o mar não é "nenhuma paisagem", mas a "vivência da eternidade". Célebre é o quadro "O monge à beira-mar", de Caspar David Friedrich. Ele revela o caráter ilimitado do universo e a pequenez do ser humano. Porém, é um monge que Friedrich retrata diante do mar. Com isso, ele expressa que é preciso um olhar espiritual para compreender o mistério do mar. O mar revela a grandeza e a imensidão de Deus e a pequenez do ser humano. No entanto, ao olhar para o mar, o olhar se amplia, e intuimos algo da infinidade de Deus, na qual nós, seres humanos, tomamos parte. Desse modo, o mar pode se converter na experiência da imensidão e, ao mesmo tempo, da união com o Deus infinito.

O mar do tempo é apenas uma onda no oceano da eternidade (Jean Paul).

Sol, lua e estrelas: grande, reverente admiração

É uma experiência intensa perceber o seguinte: nós, seres humanos, estamos interligados com a natureza e o cosmo, integrados no ritmo de uma vida que determina corporalmente nossa existência. Sol, lua e estrelas não são apenas corpos celestes. Desde tempos imemoriais, o ser humano viu neles um símbolo da sua vida.

Muitas vezes, à noite, em nosso jardim, meu pai dava explicações sobre as estrelas para nós, seus filhos. Em suas palavras, eu sentia uma grande admiração pela beleza das estrelas e pela grandeza do universo. É verdade que não consegui fixar as constelações singulares. Mas ainda hoje, ao olhar à noite para o céu estrelado, fico fascinado por essa visão. Da perspectiva da astrononia, sei que as estrelas se encontram a uma distância infinita da terra e que só conseguimos ver uma pequena parte delas. Ainda mais reverente, fico parado diante do céu estrelado. Imagino quão pequena é nossa terra em comparação com as incontáveis estrelas, que podemos ver, e com o ainda maior número de estrelas que permanecem invisíveis para nós. Aí sou tocado não só pela beleza, mas também pela grandeza da criação. E faço uma pausa. Ao mesmo tempo, o olhar para o céu estrelado me une a muitas pessoas, as quais sei que agora, em seu país – muito distante de onde estou – observam o mesmo céu. Não só o Sol nasce sobre todas as pessoas, também a Lua nos une umas as outras, assim como as estrelas e as diversas constelações.

> Nós, seres humanos, estamos interligados com o cosmo, determinados corporalmente pelo ritmo da vida, pelo vir a ser e perecer.

O Sol fornece luz ao ser humano. Desde os primórdios, muitos povos veneraram o sol como um deus. Os cristãos consideravam Jesus como o verdadeiro sol. Eles transferiram para Jesus o culto romano ao *Sol invictus*, ao deus Sol invencível. É por isso que definiram o Natal no dia 25 de dezembro, o dia da festa do deus Sol invencível: eles vinculam a festa do nascimento de Cristo com a data cósmica do solstício de inverno como "nascimento" da nova luz e do novo ano. Os cristãos associaram o Sol também com a Páscoa, a festa da salvação, que sempre é celebrada no domingo após a primeira lua cheia da primavera. Como o Sol nasce a cada manhã da escuridão, Cristo resplandece do túmulo como o Sol pascal. A cada manhã a Igreja canta o nascer do sol com imagens que indicam o mistério da ressurreição. Cristo expulsa toda escuridão de nossos corações. Ele ressuscita vitorioso da morte. A luz venceu a escuridão. A vida e o amor são mais fortes que a morte. Vivenciamos o Sol como imagem do calor e do amor. Quando permanecemos ao Sol na primavera ou no outono, podemos imaginar como o amor de Deus permeia nosso corpo, como nos sentimos inteiramente amados. No verão, não só nos protegemos do Sol escaldante, mas desfrutamos também o Sol que confere à paisagem a sua beleza.

Em grego e em latim, o Sol é masculino e a Lua feminina. Em alemão, é o inverso. No entanto, também os germanos relacionavam a Lua com o ciclo feminino. Desde sempre, a Lua fascinou pelas suas formas variáveis: na lua cheia, a Lua inteira é visível. Então, ela decresce até que não é mais visível. Como lua nova, ela cresce de novo. O ritmo da Lua foi comparado com o ritmo do vir a ser e perecer. E todos os povos mediam o tempo com base na Lua. E consideraram a Lua como imagem do feminino. Seu ritmo vale como imagem da fertilidade e da vida, que surgue e desaparece. A Lua é, para muitos poetas, uma imagem do amor. Célebre é a canção composta por Matthias Claudius: "A lua surgiu". A Lua é, para ele, uma imagem do invisível, que se subtrai ao nosso olhar, e da realidade do mistério: "Nós vemos, em verdade, lá no alto, só a metade do círculo lunar. Há muitas coisas belas, e nós nos rimos delas, por não podê-las enxergar".

Também as estrelas no firmamento fascinaram as pessoas desde sempre. O olhar para o céu noturno permite sentirmos a imensidão do cosmo e intuir a grandeza de Deus, que criou tudo isso. A variedade inconcebível de estrelas desperta em nós o anseio pelo infinito. E a concepção da cosmologia de que também os seres vivos de nossa terra, quanto a sua constituição química, são formados de poeira estelar nos vincula com os corpos celestes. O termo latino para anseio, desejo, *desiderium*, tem em si *sidera*, as estrelas. Desejo, anseio significa, portanto, para os latinos, que nós trazemos as estrelas para a terra. Aquele que ama chama a amada de "sua estrela". Na imagem, uma "estrela" une amor e lar. Essa imagem é, para muitos, a expressão de uma anseio profundo pelo lugar em que se sentem protegidos e amados.

Nos meses de verão, encontramos todos os três tipos de corpos celestes. Percebam o sol em suas diversas qualidades, ao nascer de manhã e se pôr ao entardecer. Nascer do sol e pôr do sol são espetáculos repetidamente edificantes, que tocam profundamente nosso coração. Olhem para a Lua e para as estrelas e sintam o anseio por amor que então surge em vocês. E admirem o céu estrelado, maravilhem-se com a grandeza de Deus, que – assim nos conta a história bíblica da criação – adornou o céu com estrelas de forma tão esplendorosa. A admiração não é só o início do pensamento e da filosofia. É também o caminho da piedade e o caminho que leva a Deus.

6
Da riqueza da relação
Em conexão com os outros

Ninguém é uma ilha. Não vivemos sozinhos neste mundo. Em nosso cotidiano, estamos conectados a muitas pessoas. Já os gregos definiam o ser humano como *zoon politikon*, como ser vivo que, por natureza, está orientado para a comunidade. As relações com outros seres humanos são, para nós, um terreno propício em que nossa vida prospera. Nesse caso, não me refiro apenas aos familiares, vizinhos, amigos e amigas, irmãos e colegas. Refiro-me também às pessoas que viveram antes de mim, aos meus antepassados. Então, também me refiro a todos que, antes de mim, se ocuparam com as grandes questões da condição humana, que escreveram livros, que, na condição de filósofos ou teólogos, refletiram sobre o mistério do ser humano e de Deus. E incluo todos aqueles que configuraram o nosso mundo como hoje o encontramos: os políticos, cientistas, inventores, compositores, músicos, arquitetos, mas também as pessoas bem simples que deram a sua contribuição para que eu possa viver no mundo assim como ele é. Minha vida se baseia na obra e na realização de muitas pessoas que viveram antes de mim. Já ao andar pelas ruas de uma cidade e ver as antigas igrejas e os prédios importantes ou ao caminhar por uma paisagem que foi cuidada e cultivada por gerações antes de mim, sinto que sempre já vivemos relacionados com muitas pessoas ao nosso redor e antes de nós.

Martin Buber disse uma célebre frase: "Torno-me eu na relação com o tu". Isso significa: descubro quem sou eu mesmo quando vivo a relação com outras pessoas. No encontro como o outro, sempre encontro também a mim mesmo e a minha própria verdade. O encontro sempre é, contudo, também uma fonte de energia. O encontro me tranforma. Em contato com os outros, sentimos a própria vitalidade de forma renovada. E experimentamos: no convívio, algo pode florescer e crescer.

A conexão com outras pessoas me faz bem. Hoje, muitos sofrem porque não se sentem parte de coisa alguma. Quando me sinto conectado aos outros, com os parentes, com as pessoas do meu povoado, da minha cidade, do meu país, sinto-me parte de algo. Mas é importante perceber e dar forma a essa conexão. Muitas pessoas fazem como se estivessem completamente sozinhas, como se, para os outros, fosse completamente indiferente se elas vivem ou não. Semelhante autopercepção nos tira toda a alegria de viver. Quando, porém, sei que estou conectato e quando, através da vibração que envio para o mundo, sei que sou um pouco mais responsável pelas pessoas ao meu redor, então viverei de forma mais atenta e mais consciente. Então sinto a mim mesmo também na minha responsabilidade pelo mundo.

Das nossas raízes

Cada um de nós tem raízes em seus pais, em seu avós e em seus antepassados. Devemos a eles não só nossa vida, mas também muitas de nossas características, inclusive muitos aspectos relevantes de nossa concepção de vida. Quem corta a si mesmo de suas raízes, seca sua árvore da vida. Sem raízes não há asas, pode-se dizer em conexão com Goethe. O psicólogo Daniel Hell entende que a falta de raízes é uma das muitas causas da depressão. Por isso, é bom conhecer as próprias raízes. Isso suscede não só quando nos interessamos por nossa árvore genealógica. Antes, é preciso primeiramente um olhar para os próprios pais. Qual foi sua filosofia de vida? Do que viveram? O que os ajudou a gerir sua vida? Qual era seu tipo de espiritualidade? O que eles mesmos trouxeram junto para nossa família? Como foi sua infância e sua influência?

Quando temos consciência de nossas próprias raízes, entramos em contato com as fontes das quais podemos retirar nossa força. E nós entendemos melhor a nós mesmos.

Nossas raízes não são apenas nossos antepassados, mas também o mundo em que nós nos desenvolvemos, a cultura em que nascemos. A cultura que nos envolve é marcada pelas cidades e povoados com seus prédios, suas igrejas e fortalezas. Ela é, contudo, também cunhada pela linguagem, pelas tradições e festas. Nós praticamente respiramos tudo isso. Isso nos cunha no nosso cotidiano. Arraiga-se em nós. Tampouco precisamos começar do início ao pensar e sentir. Nós nascemos numa cultura de pensar, de falar, de sentir de lidar uns com os outros. E é bom perceber essas raízes, tornar-se consciente delas e ser grato por elas.

As raízes nos fortalecem e nos alimentam. Elas dão à nossa vida inclusive um tempero próprio, propiciam um sabor próprio. Uma forma de entrar em contato com as raízes são os rituais. Quando celebramos rituais, com os quais nossos antepassados celebraram, por exemplo, o Natal e a Páscoa, participamos de sua força. Os antepassados mantiveram esses rituais em épocas de fome e necessidade, em tempos de guerra e de paz. Eles lidaram com suas vidas ao celebrar esses rituais. Quando nós os repetimos, podemos confiar que também nós podemos lidar com nossa vida de maneira benéfica.

> **Sem raízes não há asas: é bom perceber nossas raízes, tomar consciência delas e ser gratos por elas.**

Da solidão e da comunidade

Toda pessoa precisa de uma comunidade que a ampara. Mas ela precisa também da solidão. Precisa da relação com as outras pessoas, mas também da delimitação. Eu mesmo vivo numa comunidade monacal e participo de sua vida. Levanto conjuntamente com meus confrades; encontro-me com eles cinco vezes ao dia para as orações. Tomo a refeição com eles. Trabalho com eles e falo com eles sobre o que nos sustenta. Sou grato pela comunidade que também me desimcumbe de muitas coisas. Não preciso me preocupar com os afazeres domésticos. Não preciso fazer compras, nem cozinhar. A mesa está sempre posta. No entanto, preciso também da solidão. O monge é alguém que se separa conscientemente do mundo, que fica sozinho conscientemente. A solidão na minha cela monacal é importante para mim. E também o sentimento de me sentir sozinho faz parte de mim. Às vezes, o sentimento de solidão está acompanhado de tristeza. No entanto, quando suporto conscientemente a solidão, posso passar pela tristeza e chegar ao fundamento de minha alma, em que me sinto unido com todas as pessoas, com a criação inteira e unido com Deus e comigo mesmo. Peter Schellenbaum entende que a arte de lidar com a solidão consiste em transformar a solidão [*Alleinsein*] em um ser um com tudo [*All-eins-Sein*]. Quando consigo isso, não me sinto só, mas pertencente ao mundo inteiro. Então, estou ligado a todos. E sei: tudo o que eu mesmo penso e falo e escrevo e faço também tem impacto nas pessoas no mundo. Também em tudo o que faço sozinho sinto-me unido com todas as pessoas e também responsável por elas. Essa consciência dá dignidade e seriedade à minha vida. Mas também me dá a sensação de ser sustentado.

A solidão, porém, não deve levar ao isolamento. Atualmente, muitas pessoas se sentem solitárias. E elas esperam que outras pessoas tirem delas o sentimento de solidão. Mas é nossa tarefa, por um lado, reconciliar-se com a solidão e, por outro lado, ir ao encontro de outras pessoas. Não podemos apenas esperar que os outros nos deem a experiência de comunidade. Nós mesmos temos que fazer algo para experimentar a dádiva da comunidade. Uma importante condição para isso é não se colocar acima dos outros, mas estar disposto a se abrir para as pessoas que se encontra e assim poder vivenciar a comunhão com elas. Já um olhar amigável ou uma palavra encorajadora para o vizinho cria comunidade. Nós mesmos somos responsáveis pela experiência de comunidade. Repetidamente, todos os dias.

Viva sozinho e livre como uma árvore, mas fraternalmente como uma floresta (Nazim Hikmet).

Do desconhecido e do conhecido

É belo conversar com pessoas conhecidas. Ali surge uma proximidade na conversa. E posso falar abertamente sobre tudo o que me move. Sinto-me compreendido. O conhecido cria segurança e confiança. E eu entendo meu interlocutor que me abre seu coração. No entanto, gosto igualmente de conversar também com desconhecidos. Eles abrem para mim um mundo diferente, tornam meu próprio mundo mais rico. E me deixam curioso, e eu gostaria de saber como pensam e sentem, como cresceram, qual é a cultura que os moldou. O desconhecido torna-se para mim um espelho em que vejo a mim mesmo e em que descubro o que, até agora, era desconhecido para mim. O desconhecido me coloca em contato com o desconhecido em mim. E, assim, ele se transforma em um enriquecimento de minha autoexperiência.

Precisamos de ambas: pessoas conhecidas que nos conferem proteção e segurança. Justamente hoje, na era da migração, que leva a mudanças também em nossa vizinhança, muitas pessoas anseiam pela familiaridade das pessoas que vivem ao seu redor. Elas querem manter seu próprio mundo conhecido e lutam por isso. No entanto, muitas vezes, tomadas pelo medo, se isolam dos estrangeiros. A proteção das pessoas conhecidas deveria também nos abrir para os estrangeiros. Nossa proteção só ajuda quando nós a abrimos para outros e, assim, transmitimos também aos estrangeiros algo dela.

O temor diante do estrangeiro em nosso meio é, frequentemente, expressão do medo do desconhecido em nós mesmos. Não devemos valorizar esse temor, mas simplesmente percebê-lo. Mas deveríamos, então, reagir a esse temor. Ele poderia se tornar convite para ver o estranho em nós e nos perguntar: o que realmente temo? Temo a sujeição? Então, esse temor seria um desafio para que sinta ainda mais a mim mesmo, me familiarize comigo mesmo, para não me tornar alheio a mim mesmo.

> **Somente através da confiança surge uma nova familiaridade.**

Na Antiguidade, havia ambos os aspectos: o temor diante do estrangeiro e a obrigação da hospitalidade. Ao acolher amigavelmente o estrangeiro, que temo, como hóspede, supero o temor. Os latinos designaram o estrangeiro originalmente como *hostis*. Ele era um inimigo. No entanto, ele se tornou, então, no *hospes*, no hóspede. Os primeiros cristãos cuidavam da hospitalidade. A Carta aos Hebreus os exortou: "Não vos esqueçais da hospitalidade pela qual alguns, sem saber, hospedaram anjos" (Hb 13,2). Quando o estrangeiro ao qual acolho com hospitalidade se torna um anjo, um mensageio de Deus, então está superado o temor diante do estrangeiro. E através da confiança surgue uma nova familiaridade.

Do próximo e do distante

O filósofo Hans Jonas designou sua obra principal de "O Princípio Responsabilidade". Ele diz que, hoje, ao tomarmos decisões, devemos sempre ter em mente as suas consequências para o mundo inteiro, portanto, para o próximo e o distante, para o presente e o futuro. Nossa responsabilidade se estende não só ao círculo mais estreito, aos familiares, aos amigos, aos vizinhos, ao próprio povo, mas também ao mundo inteiro. Experimentamos hoje como o mundo está estreitamente interconectado. Justamente nos tempos da globalização fica claro o quanto tudo está interligado e interdependente: estamos entrelaçados em contextos mais amplos, não só no aspecto técnico, mas também econômico, político e cultural. A maneira de vivermos, portanto, nosso estilo de vida, nossos hábitos de consumo, nossa maneira de lidar com a natureza, tudo isso tem impactos também sobre as pessoas nas áreas mais remotas da terra e sobre o futuro aparentemente distante das pessoas que virão depois de nós. Ter responsabilidade significa: o olhar para quem está distante não deve fechar nossos olhos para as pessoas que estão próximas de nós – mas também o inverso é válido.

Já a Bíblia chama nossa atenção para que o amor ao próximo não exclua o estrangeiro: na história do Bom Samaritano, Jesus diz que todo estrangeiro pode se tornar nosso próximo. O homem que caiu nas mãos de assaltantes se tornou o próximo do homem desconhecido procedente de Samaria, uma região que os judeus viam com desprezo. E o homem cuidou do samaritano.

No entanto, também conheço pessoas que se engajam pelas pessoas que estão distantes, por exemplo, no movimento pela paz ou no movimento ecológico. Elas conhecem a situação na África e na América Latina, na Austrália e na Nova Zelândia. Mas elas passam ao largo dos próximos que vivem em seus arredores. Uma mulher me contou a respeito de seu marido, que era ativo no movimento pela paz e se engajava a favor de muitas pessoas. Mas esquecia da própria família. Ele assumira responsabilidade pelos que estavam distantes, mas renunciou à responsabilidade pelos que estavam próximos.

É preciso, portanto, sempre uma boa interação entre a preocupação pelos que estão próximos e pelos que estão distantes. Meu olhar não deve se limitar à minha família, meu povoado, minha empresa. Devo considerar meu olhar também de forma ampla e as consequências de meu agir para as pessoas que se encontram distantes. Elas são um teste para nosso amor ao próximo e para nossa responsabilidade que assumimos em prol de outras pessoas.

Tudo o que fazemos tem consequências.

Do amor

Todos ansiamos por amor. E cada um de nós já viveu experiências de amor, percebeu como um homem ou uma mulher se amam, e experimentou: esse amor faz bem. Ele nos transforma.

Ele dá um novo sabor à vida. Experimento o amor, porém, não apenas quando outra pessoa me ama. Ele é mais que uma paixão romântica que encanta nossa vida. O amor – assim nos diz Platão e, depois dele, Paulo no hino ao amor (1Cor 13) – é um poder subjacente a todo o ser. E Novalis, filósofo da natureza e poeta do romantismo, o designa de "o amém do universos": ele é, portanto, a força final e afirmativa de toda a realidade. Também na meditação posso fazer a experiência de que no fundamento da minha alma está o amor. Ele simplesmente está ali como uma fonte inesgotável que me permeia, ou o experimento como uma brasa que me aquece. Alguns exprimem essa experiência de tal forma que, neste momento, são amor. Então, o amor simplesmente flui através deles para tudo que está ao seu redor, para as pessoas, para as plantas e animais, para os cômodos de sua casa. Em algumas pessoas realmente se vê que são amor. Sua face emana esse amor.

A pesquisa moderna reconheceu que o amor também é o motor da evolução. Também no reino animal e no reino vegetal a conexão é aquela força subjacente a tudo e que serve também à sobrevivência. Pois os seres vivos que sobrevivem são os que se conectam e se sentem conectados. Esse amor cósmico como conexão com tudo o que é é um poder do qual também nós haurimos.

Em todo amor que experimentamos como seres humanos tocamos Deus como amor.

O próprio Deus é esse amor que permeia todo o cosmo e que, como força, mantém tudo unido em sua ação e sustém também a nós. Paulo diz que o amor de Deus é derramado em nossos corações por meio do Espírito Santo (Rm 5,5). Nós podemos haurir dessa fonte, ainda que emocionalmente agora não sintamos nenhum amor. Esse amor, que flui no fundamento de nossa alma, é um poder que nos impele a sair de nós mesmos e ir em direção a outros e encontrá-los com benevolência. João diz o seguinte sobre o amor: "No amor não há temor, pois o amor perfeito joga fora o temor" (1Jo 4,18). O poder do amor é, portanto, uma fonte de força. Ele nos liberta do temor. Tampouco é algo que podemos realizar. Em nossa vida, trata-se essencialmente de entrar em contato com esse amor que está em nós, e então ter a coragem de viver a partir dele e não a partir do temor.

Quem faz essa experiência de amor, experimenta a Deus. Deus é amor, também como um Tu que me ama. Mas ele não é só aquele que ama; ele é, em sua essência, amor. Amor está em tudo e permeia tudo. E podemos relacionar a Deus como amor as palavras do discurso de Paulo no areópago: "É nele que vivemos, nos movemos e existimos" (At 17,28).

Também no amor muitas vezes frágil com que nos amamos mutuamente pode-se perceber algo do amor que Deus é – um amor sem rupturas no qual podemos confiar incondicionalmente. Em todo amor que experimentamos entre nós, seres humanos, tocamos Deus como amor.

Sai do ciclo do tempo e entra no ciclo do amor (Rumi).

Da amizade

Na Antiguidade, muitos filósofos entoaram o cântico da amizade. Agostinho cunhou a bela frase: *Sine amico nihil amicum*, "Sem amigo, nada é amigável". Ou: sem amigo, nada parece amigável neste mundo. Os gregos distinguem entre o amor erótico (*eros*) e o amor de amigo, a amizade (*philia*). A amizade não pretende se apossar do amigo. Ama o amigo porque ele é amigo, como um fim em si mesmo. Os filósofos gregos entendem que somente pessoas boas podem realmente ser amigas. Do contrário, só há cúmplices, mas nenhum verdadeiro amigo.

> Amigo é alguém que escuta a melodia do teu coração e canta-a para ti quando tiveres esquecido dela.

Amizade é relação. Na amizade, relaciono-me comigo mesmo e com os outros. Muitos anseiam por amizade, mas, ao mesmo tempo, são incapazes de vivê-la. Eles anseiam por proximidade, mas ao mesmo tempo têm medo dela. Pois, então, elas mesmas teriam que se mostrar. E quanto mais me aproximo do outro, tanto mais mostro-lhe algo de mim mesmo. E sabemos que não só temos coisas boas e perfeitas para mostrar, mas também nossos erros e fraquezas. Porém, ser aceito com tudo o que sou é justamente o anseio mais profundo que nos impele. A amizade me ajuda, por um lado, a aceitar inteiramente a mim mesmo. Ao mesmo tempo, porém, a amizade requer que eu mesmo lide amavelmente comigo assim como sou, com meus erros e minhas fraquezas. Quando as pessoas se queixam que não encontram amigos, sempre lhes pergunto: você lida amigavelmente consigo mesmo? Essa é a primeira condição para o êxito de uma amizade. A segunda condição é que eu veja com bons olhos também as outras pessoas, que acredite no lado bom delas. Quando vou ao encontro de alguém com essa abertura, então a amizade também pode crescer. É preciso paciência e confiança para que a amizade cresça. E a amizade precisa de cuidado. Preciso de tempo para o amigo. E a amizade requer rituais. Os rituais dão à amizade o de que ela precisa: clareza, segurança e confiança.

Deus cria as amizades. Ele leva um amigo ao encontro do outro (Platão).

Da autorrealização e da entrega

Não é raro que se difame a autorrealização como algo egoísta e não cristão. No entanto, em sua mensagem, Jesus nos convida repetidas vezes a nos tornarmos inteiramente nós mesmos. Ele nos convida a nos libertarmos das expectativas dos pais, do entorno. Ele confia que nós o seguiremos. E seguir a Jesus significa, em última instância, seguir o impulso interior em que ele nos indica quem realmente somos. Jesus fala conosco nos suaves impulsos de nossa alma. E esses impulsos são para ele mais importantes que a concordância do pai ou da família inteira (cf. Lc 9,57ss.). Do ponto de vista teológico, pode-se dizer: o objetivo de nossa existência humana é desenvolver, de modo cada vez mais claro, a imagem que Deus fez para si de cada um de nós. Isso significa, contudo, também que nós nos tornemos cada vez mais nós mesmos: essa pessoa única como Deus a criou. É isso que significa, em última instância, autorrealização.

Autorrealização não significa, porém, impor e viver de maneira egoísta os próprios desejos. Jesus nos convida a soltarmos nosso ego: "Se alguém quiser vir após mim, renuncie a si mesmo, tome a sua cruz cada dia e me siga" (Lc 9,23). Muitas pessoas entenderam precisamente essas palavras de Jesus como um chamado à abnegação e, com isso, interpretaram a autorrealização como algo orientado contra o espírito de Jesus. No entanto, Jesus quer nos chamar a deixar nosso ego. Negar-se significa: resistir ao domínio do ego. Esse ego quer estar sempre no centro, quer se impor e, comparativamente, quer sempre parecer melhor que outros. Devemos nos libertar da coação do ego, para nos tornarmos inteiramente nós mesmos. E faz parte da nossa individuação tomar sobre si a cruz a cada dia. Isso significa dizer sim diariamente para os opostos que se encontram em nós. Aceitar os opostos é o contrário de girar de modo egoísta e narcisista em todo de si mesmo. Pois quem assume seus opostos tem uma relação realista consigo mesmo. Ele se despede do seu ego, que se caracteriza por conceber autoimagens grandiosas, imagens de uma pessoa perfeita e sempre bem-sucedida.

> **Autorrealização só é bem-sucedida quando me envolvo inteiramente com a vida. Vida verdadeira também é sempre dedicação.**

Só consegue se dedicar aquele que é dono de si mesmo. Nesse sentido, autorrealização e dedicação estão interligadas. A vida de quem somente gira egoisticamente em torno de si mesmo não flui. E que a vida flua, é nisso – assim diz a psicologia – que consiste a vida verdadeira e realizada. Dedicação significa: fluir, libertar-se de si mesmo e se envolver dedicadamente com o que faço, me envolver dedicadamente com a conversa com uma pessoa, me dedicar inteiramente ao trabalho. Nisso consiste a verdadeira realização da vida. Pois sempre que queremos viver apenas um polo, saímos do equilíbrio e perdemos nossa humanidade.

Quando falo de dedicação, alguns reagem alergicamente. Eles equiparam dedicação a renúncia de si. Entendem autorrealização como satisfação dos próprios desejos. No entanto, autorrealização significa: vir a ser inteiramente eu mesmo, vir a ser inteiramente a pessoa singular que Deus criou. Autorrealização só é bem-sucedida na abertura para Deus. E ela só dá certo quando me envolvo inteiramente com a vida. Vida verdadeira sempre é também dedicação. Não há vida sem dedicação; tampouco há trabalho sem dedicação. Ao me envolver inteiramente com outra pessoa, com o trabalho, com uma tarefa, realizo meu verdadeiro si-mesmo. – A característica do verdadeiro si-mesmo é a fecundidade ou – como os psicólogos dizem hoje – o florescimento.

Da compaixão e do amor-próprio

Já o Antigo Testamento (Lv 19,18) estabelece a seguinte exigência: "Amarás o teu próximo como a ti mesmo". E Jesus confirma esse mandamento veterotestamentário (Lc 10,27). Nós precisamos do equilíbrio adequado entre amor-próprio e amor ao próximo, entre a sensibilidade conosco mesmos e a compaixão pelas outras pessoas. Há pessoas que são designadas de personalidades confluentes: elas se desfazem em seu sentimento pelo outro, mas não o ajudam de fato, porque não têm autonomia. Outras, por sua vez, giram apenas em torno de si mesmas. No entanto, esse amor-próprio exclusivo leva – assim a psicóloga Ursula Nuber – à armadilha do egoísmo: a experiência do isolamento das outras pessoas não traz felicidade.

Amar a si mesmo não significa girar egoisticamente em torno de si mesmo. Antes, o amor-próprio exige que eu me aceite assim como sou. Aceito meu corpo, com sua beleza, bem como com suas limitações. Aceito-me com meus pontos fortes, bem como com minhas fraquezas. Somente se amar a mim mesmo, conseguirei amar verdadeiramente os outros. Pois sem amor-próprio, meu amor ao próximo se torna possessivo ou inflexível, mesclado com agressões. E aquilo que não amo em mim irei projetar no outro e, também nele, não conseguirei amar. Então tenho de me forçar a amar o outro. Mas um amor forçado sobrecarregará a mim mesmo. E ele não será uma bênção para o próximo.

Jesus responde ao escriba – que lhe cita o mandamento do amor ao próximo do Antigo Testamento – com a narrativa do bom samaritano. Esse samaritano tem compaixão pelo homem que caiu nas mãos dos assaltantes e estava caído quase morto à margem da estrada. O sacerdote e o levita passaram ao lado dele. Eles giram apenas em torno do cumprimento dos mandamentos, sem compaixão pelos semelhantes. Porém, o samaritano, que segue sua compaixão pelo homem ferido, cuida também de si mesmo. Ele conhece suas limitações. Ele faz o que pode. Mas, então, ele deixa o homem ferido aos cuidados do dono da hospedaria, para a qual ele o havia trazido. Ele cria, portanto, um bom equilíbrio entre cuidado do outro e cuidado de si mesmo, entre a compaixão pelo próximo e a sensibilidade adequada consigo mesmo.

> **Quando renuncio a mim mesmo não consigo mais ajudar o outro.**

Também para nós se aplica esta pergunta: até que ponto posso realmente ajudar o outro? Quando renuncio a mim mesmo, não consigo mais ajudar o outro. Para poder ajudar o outro, preciso da compaixão, que me impele a ir de mim mesmo até o outro. Mas preciso também de amor-próprio. Preciso também lidar bem comigo mesmo. Quando ultrapasso meus próprios limites, então a compaixão rapidamente se transforma em agressão contra o outro. Pois a alma se rebela contra todo excesso. Já os antigos monges diziam: "Todo excesso tem origem nos demônios". Isso se aplica também ao excesso de compaixão. O amor não tem limites. No entanto, ele só pode ir além dos limites, quando flui de uma fonte bem concebida.

> *Quanto mais conscientemente lidar com o meu próprio sofrimento, tanto mais sensível serei com a dor do outro* (Ram Dass).

Da conversa

Todos os dias falamos muitas palavras. Nem sempre estamos presentes de coração. Muitas vezes, simplesmente falamos e nem sequer percebemos como nossas palavras ferem os outros ou criam uma atmosfera negativa. Por isso, é bom repetidamente fazer uma pausa e se perguntar: o que realmente estou fazendo ao falar? Trata-se de um convívio que se caracteriza por ouvir, silenciar e falar? Se reduzirmos a linguagem a uma mera troca de informações, ela perde seu mistério. Então seria possível substituí-la pelo computador.

Na língua alemã, distingue-se entre *reden* e *sprechen*. *Reden* significa: fundamentar, calcular, prestar contas. No entanto, quando só falamos [*reden*], acontece um falatório. Uma conversa acontece apenas quando falamos [*sprechen*], quando a palavra irrompe de nosso coração. Pois *sprechen* tem a ver com *bersten* [rebentar].

O objetivo da linguagem é o diálogo. E um diálogo realmente humano surge somente quando falamos com nosso coração. Uma boa conversa transmite a seguinte experiência: sinto-me compreendido. Nós nos compreendemos. Uma palavra leva a outra. Vamos sempre mais fundo, fazemos ressoar aspectos de nossa alma que, do contrário, no cotidiano, quase não têm oportunidade de se revelar. Falamos uns com os outros sem conferir o horário. A conversa simplesmente acontece. E nos alegra. Ao nos separar, sentimos: isso foi belo. Isso nos fez bem.

No poema "Celebração da paz", Hölderlin fez uma maravilhosa descrição do êxito da comunicação linguística:

> O ser humano muito experimentou,
> A muitos dos celestiais denominou,
> Desde que somos uma conversa,
> E podemos ouvir uns aos outros.

Nós não "temos apenas" uma conversa. Somos uma conversa. Conversa em alemão é *Gespräch*. O prefixo *Ge-*, com, expressa a comunhão. E o termo *Gespräch* se origina do termo *sprechen* [falar]. *Sprechen* vem de *bersten* [rebentar]. Na conversa irrompe algo a partir de mim. Eu manifesto meu íntimo. Minha voz exprime meu estado de ânimo. Não falo a respeito de algo, mas me expresso, revelo a mim mesmo. Meus sentimentos se tornam audíveis, meu ânimo interior se comunica com os outros. Uma conversa é, portanto, algo distinto de uma troca de palavras. E cria a comunhão entre interlocutores, não entre faladores.

Como surge uma conversa desse tipo? Hölderlin nos apresenta as condições para que uma conversa seja bem-sucedida e como ela se parece.

A primeira condição é que as pessoas que conversam entre si falem a partir da experiência própria. Elas não rcpctcm o quc as outras disseram, mas expressam o que experimentaram, sentiram e intuiram no seu íntimo. A segunda condição é que a conversa esteja aberta para o trancendente. Uma boa conversa sempre abre também o céu sobre nós. Tocamos algo que nos excede. Então, cria-se comunhão não só entre os interlocutores, mas também com aquele que eles, em todo falar, pressupõem: com Deus.

> **Na conversa participamos um do outro, de nossa história, de nossa origem, de nossas raízes. E assim surge algo novo.**

Duas imagens descrevem a conversa bem-sucedida.

A primeira imagem: não só travamos uma conversa, nós somos uma conversa. Ambos não estão fixados em falar bem um com o outro, argumentar adequadamente, escutar bem, mas ambos são uma conversa. Eles não se encontram sob a pressão de realizar uma boa conversa. Ambos simplesmente são autênticos. Estão consigo e, ao mesmo tempo, com o outro. Falam sem qualquer pressão de impressionar com as palavras.

A segunda imagem: os interlocutores não só ouvem um ao outro. Não são apenas bons ouvintes. Antes, eles ouvem um do outro. Ouvir um do outro significa para mim: tomo para mim algo do outro. Ouvir um do outro significa: participar da origem do outro, de sua história, de sua experiência, de seu estado de espírito, de seu coração. Quando ouço do outro, chego ao ponto de partida do qual ele inicia, ao fundamento das raízes do qual ele vive. Na conversa, participamos um do outro, de nossa história, de nossa origem, de nossas raízes. E assim surge algo novo. Pela participação, surge comunhão, partilha, um compartilhar com o outro.

Há mais um aspecto importante: a conversa precisa também do momento certo. E de tempo à disposição, de um contexto protegido e da abertura do coração, a disposição, não apenas de ouvir um ao outro, mas de ouvir um do outro, para participarmos um do outro.

O ouvir perfeito significa escutar o canto do universo.
O que as pessoas contam são fragmentos de melodias
da grande harmonia cósmica (Henryk Skolimowski).

Do mundo e da pátria

Nosso mundo se tornou maior e mais aberto e, ao mesmo tempo, menor e mais simples. Quando converso com jovens, muitas vezes fico surpreso em saber quanto eles já viajaram pelo mundo.

Estudaram um ano nos Estados Unidos ou na Colômbia, na Espanha ou na Noruega. Viajam a trabalho para a China e fazem férias no Nepal ou no Vietnã. Nos últimos vinte anos, também viajei muitas vezes pelo mundo para proferir palestras. Assim, vivenciei a fascinação da imensidão e o encontro com outras culturas. Porém, apesar disso, essa vivência sempre me atrai para o meu país de origem. Preciso de um lugar em que estou em casa e ancorado. Partir e regressar – ambos tem seu tempo. A pátria como lugar conecta-se com recordações de experiências marcantes e intensas; ela se conecta com espaços familiares e hábitos, com recordação de calor, dedicação e proximidade humana, com o sentimento de pertença a pessoas que se tornaram importantes para a minha vida. Na minha juventude, a casa dos pais em Lochham, Munique, era o meu lar. E, também nos primeiros anos no mosteiro, ansiei muitas vezes por esse lar da família. No entanto, agora o mosteiro em Münsterschwarzach se tornou meu lar. Quando caminho pela Bachallee, lembro-me dos diversos encontros e vivências que tive aqui nos últimos 55 anos.

A pessoa entende de forma mais clara o que significa lar e pátria quando a perde ou tem que os deixar. A chegada em massa de pessoas sem pátria, que foram expulsos de sua terra por causa de guerras ou situações de emergência e chegaram até nós como refugiados, fez muitas pessoas tomarem consciência da própria história: já após a Segunda Guerra Mundial, os refugiados do leste mostraram de novo para os alemães como o país de origem é importante para eles. E eles nos colocaram diante da questão do significado de pátria para nós. A língua alemã relaciona *Heim* [casa, lar], *Heimat* [pátria, país de origem] e *Geheimnis* [mistério, segredo]. Estar em casa só é possível onde está o mistério, onde nos toca algo que é maior que nós mesmos. São, por exemplo, as experiências com os pais e os avós, com as pessoas que estão abertas para nós. Ernst Bloch definiu pátria da seguinte forma: Pátria é algo que "brilha para todos na infância e onde ninguém esteve ainda". Pátria é, portanto, não só um espaço delimitado, mas também uma promessa de uma derradeira proteção e pertença. É, em última instância, um lugar de amor incondicional.

A verdadeira pátria está em mim mesmo.

O que é nossa pátria – disso posso estar ciente repetidamente de forma diferente. Posso conscientemente observar as obras de arte que estão em meu país. Que filosofias de vida descubro nelas, que sentimento de vida se expressa ali? Posso me perguntar: como se pensa e se sente em minha terra natal? Qual é o elemento de ligação a partir do qual vivem as pessoas do meu país? Quais são suas fontes? Meu país revelou poetas, artistas, grandes homens e mulheres: em que medida tenho parte neles e em suas ideias e sentimentos? Quanto minha vida está enraizada também em suas experiências? Refletir sobre sisso pode aprofundar e ampliar a relação com meu país.

Pátria significa segurança, vinculação e proteção manifesta. Pátria pode, no entanto, se tornar também algo restritivo. Por isso, muitos vão embora, tornam-se "pessoas que deixaram o ninho", para conhecer algo novo e ampliar seus horizontes. Por isso, é preciso a tensão entre lar e mundo, entre o enraizamento, por um lado, e a percepção do outro, a abertura para o desconhecido e para as múltiplas e distintas possibilidades que estão associadas com isso, por outro lado. E a imensidão do mundo precisa da proteção da pátria. Quanto mais vivo, tanto fica mais claro para mim que a verdadeira pátria está em mim mesmo. Ali onde mora em mim o mistério, ali posso me enraizar, ali estou em casa também em mim. E quando estou em casa em mim, posso experimentar algo do lar por toda parte.

Pátria é a busca por atemporalidade em um determinado lugar (Edgar Reitz).

Do milagre da gratidão

Uma violoncelista que entrementes celebra sucessos em todo o mundo contou certa vez: como jovem solista, ela sempre entrava em pânico antes das apresentações públicas, porque não se sentia boa o suficiente. Não apenas insuficientemente preparada, mas inteiramente incapaz. Ela tinha muito medo de fracassar. Era como um demônio interior que ameaçava dominá-la. O que a ajudou naquela ocasião? Ela se sentava antes de cada concerto e anotava numa folha os nomes de todos os que a haviam ajudado na sua trajetória como jovem música, que lhe deram apoio e aos quais era grata: sua mãe, os professores, amigos, ouvintes. Isso a ajudava.

Não sou grato porque sou feliz. Antes, sou feliz porque sou grato.

Devemos nossa vida a nossos pais. Devemos nossa fé aos que nos iniciaram na fé. Devemos nossas capacidades a pessoas que as despertam em nós e que acreditaram em nós e em nosso potencial. Ter consciência disso não nos diminui. Ao contrário, podemos perceber com gratidão tudo de bom que há em nós. Porém, quando sabemos que tudo em nós é dádiva, não nos tornamos arrogantes e tampouco mencionamos com altivez nossas habilidades. Sentimo-nos, antes, responsáveis por essa dádiva que recebemos. E quando temos sucesso em nossa vida, nos alegramos com isso, mas não nos colocamos acima dos outros, mas nos lembramos de tudo o que nos ocorreu sem nosso merecimento e sem nossa intervenção.

A pessoa agradecida percebe o que lhe é presenteado. A pessoa ingrata esquece o que lhe é presenteado diariamente. Por isso, o filósofo romano Cícero designa a ingratidão como esquecimento – e, assim, como fraqueza. A gratidão me dá a força interior de não esquecer o que já me foi dado em minha vida e o que me é dado todos os dias pelas pessoas que encontro, bem como pelas dádivas da criação. A gratidão não retém o passado. Tampouco foge do presente. Antes, traz o passado para dentro do agora, para viver o agora de maneira distinta.

Essa gratidão é, portanto, algo não só para os bons momentos. Gratidão é uma atitude que vai além de uma situação concreta, sim, além de nossa própria vida e, ainda assim, a toca e sustenta de maneira totalmente profunda. David Steindl-Rast diz: "Não sou grato porque sou feliz. Antes, sou feliz porque sou grato". Felicidade é uma grande fonte de energia. Podemos fazer algo pela nossa felicidade – ao nos exercitarmos na gratidão. As oportunidades são incontáveis. Quando somos gratos pela nossa vida, quando dizemos sim para ela, nessa concordância temos parte na energia da qual vivemos. Nessa atitude, podemos nos exercitar todos os dias.

Muitos são gratos todas as manhãs porque podem se levantar saudáveis. Isso parece pouco. Mas, ainda assim, essa breve pausa transforma o início do dia. Não sou determinado pelos compromissos que hoje me esperam. Alegro-me com esse dia, e o vivencio de outra maneira ao aceitá-lo como oportunidade e como dádiva que Deus me concede neste dia.

Também a noite é uma boa oportunidade de encerrar o dia com gratidão. Agradeço a Deus por tudo o que ele colocou em minha mão no dia de hoje: encontros que me motivaram, que aqueceram meu coração, olhares que lançaram luz em minha escuridão. E agradeço pelo que empreendi hoje, pelo que conquistei, pelo que despontou. Agradeço porque hoje se originou bênção de mim, porque toquei amorosomente o coração das pessoas. Quando encerro o dia com essa atitude, tranquilizo-me interiormente. Paro de avaliar meu dia. A gratidão muda meu olhar, e assim posso, grato, colocar nas mãos de Deus aquilo que hoje vivi, repousar nessas mãos bondosas e me sentir seguro.

"O ser humano deve ser grato a Deus tanto pelo mal como pelo bem que lhe sobrevêm." Assim consta no Talmude babilônico. E, numa oração persa, está escrito: "Deus, sou grato a Ti pelo que Tu me deste, e pelo que Tu não me deste". Quantas vezes só reconhecemos o valor de nossa vida quando ela é ameaçada por uma doença. Há relatos de pessoas com câncer que somente agora despertam para a vida, que somente após o diagóstico começam a viver intensamente, que aprendem a desfrutar o colorido e a fragrância da vida somente à sombra da doença. Não deixemos a vida esperar por tanto tempo. Viver é algo que sucede agora.

A gratidão transforma meu olhar e transforma meu entorno.

A gratidão é possível até em meio ao luto, em meio ao caos de sentimentos que se manifestam em meu coração: dor, raiva, desespero, desesperança, e também sentimentos de culpa. Porém, às vezes, nesse caos dos sentimentos se origina também a noção de gratidão; por exemplo, pelo fato de que pude viver um tempo valioso ao lado de uma pessoa querida. Também em meio ao luto é esse sentimento que me ampara e, apesar de toda escuridão, me enche de alegria. A gratidão se torna, assim, em meio ao luto, um lugar ao qual posso me recolher para encontrar paz interior.

Gratidão significa que também o que é ruim pode ter seu lado bom. É preciso apenas estar disposto a vê-lo. Quando vejo minha vida com gratidão, também o escuro se iluminará, e o amargo obterá um sabor agradável. Essa atitude é um remédio contra pensamentos e sentimentos destrutivos e depressivos; ela me protege do desalento e da amargura.

Ela se irradia também para aquilo que não foi bom em minha vida, e impede que isso se propague de maneira muito intensa nas recordações. Tudo pode se tornar uma fonte de alegria e de paz para a pessoa que olha com a atitude de gratidão para aquilo que viveu até agora. Ela haure nova energia para si e se torna uma fonte de bênção para os outros. A gratidão transforma meu sentimento, mas não só meu sentimento. Tranforma também o ambiente ao meu redor. Olho com olhos novos para o mundo. Assim, tudo ao meu redor se transforma numa dádiva que Deus coloca em minhas mãos todos os dias. Quando olho com gratidão para as pessoas que encontro, muitas vezes vivencio o milagre da transformação. A gratidão é também uma forma de aceitar os outros incondicionalmente. E é justamente essa aceitação incondicional que me tranforma.

> *Toda pessoa recebe, ao nascer, o mundo de presente. O mundo inteiro. E a maioria de nós, contudo, nem sequer tocou na fita do embrulho, muito menos olhou em seu interior* (Leo Buscaglia).

Estar presente; simplesmente viver
Final

Olhamos para as diversas práticas cotidianas de nossa vida, para as coisas que encontramos, para as atividades habituais que constituem nossa vida, para as distintas qualidades temporais que a vida nos confere, para as atitudes que nos fazem bem, para as relações com que moldamos nossa vida em comunhão com outros. E olhamos para a natureza com olhos atentos. O que ficou evidente: Em tudo que fazemos e que olhamos, encontramos não apenas as coisas externas. Todas as coisas e atividaddes são, antes, permeáveis para o mistério de todo o ser. Elas são translúcidas, em última instância, em virtude do fundamento, da energia que permeia tudo, do espírito que está ativo em tudo, da energia que flui em tudo, do amor que penetra tudo: Deus está em mim e fora de mim. Nós o encontramos não só ao prestar atenção ao fundamento de nossa alma e ao nos retirar do mundo. Nós o encontramos também em mcio ao mundo. Porém, é preciso abrir os olhos e abrir o coração, e é preciso a atenção, a atitude de despertar e estar preparado para perceber, por detrás e no interior das coisas, a plenitude do ser, para reconhecer em tudo um caminho para ele e ver em tudo um lugar em que podemos encontrar a sua presença. Simplesmente estar presente – esse é o sinal mais profundo dessa arte de viver espiritualmente.

E é preciso a atitude da admiração para descobrir em tudo o mistério oculto. Admiração é a arte de ver o mundo como milagre. Pode-se traduzir o termo grego para admiração, "*thaumazein*", por "maravilhar-se" ou "admirar". Para o filósofo grego

Platão a admiração é o fundamento de todo filosofar. Aquele que, admirado, percebe o mundo, não permanecerá no superficial. Sente-se desafiado a olhar por detrás das coisas. A admiração convida a razão a permanecer parado junto às coisas em si mesmas e observá-las mais precisamente. O termo alemão *staunen* deriva de *stauen* [estancar, represar]: eu detenho o fluxo dos pensamentos e fico observando parado diante da maravilha do que percebo. Os neoplatônicos avançam ainda mais: a admiração leva a razão a se elevar cada vez mais sobre as coisas até reconhecer o aspecto maravilhoso que há em tudo. A pessoa religiosa fica admirada diante do milagre de Deus, que ela pode perceber em tudo, na beleza das flores, numa boa conversa, no encontro com o que nos toca profundamente na alma.

A admiração me abre para o mistério da trascendência, cujo brilho resplandesce em tudo o que olho com atenção. Com essa admiração sempre se associa também à reverência e à gratidão. Permaneço reverentemente parado diante do que admiro. Sou grato pelo mistério que se revela para mim neste instante e abre meu coração para algo que é maior do que eu mesmo.

Os pensamentos deste livro querem convidar os leitores e as leitoras a reaprender essa admiração. Quem consegue ficar admirado, torna-se presente também de maneira inteiramente renovada. Pois ele toma tempo para si, ele permanece parado e fica quieto. Ele está completamente imerso nesse instante único em que olha para o milagre.

Muitas pessoas vivem alheias ao seu presente; lamentam não ter tempo. Sentem-se perseguidas. E têm a sensação de que para elas o tempo passa cada vez mais rapidamente. Nós não podemos, de fato, deter o tempo. O presente submerge continuamente no passado, no não ser. Essa experiência do tempo que imediatamente dissolve cada instante leva o ser humano a ansiar por um contrapeso, por algo que resista a essa fugacidade, por algo que perdure e não passe. "Todo prazer quer – eternidade..., quer profunda, profunda eternidade!", diz Nietzsche no poema de "Zarathustra".

Para Agostinho, trata-se de viver o momento de modo que tempo e eternidade coincidam. O momento presente está no tempo. Porém, simultaneamente, ele excede o tempo. Eternidade não é um tempo longo, mas é a plenitude do tempo. Às vezes, vivemos no tempo esses momentos em que não percebemos o tempo. Então, tudo é presente, tudo é momento. Aí tempo e eternidade coincidem.

De acordo com uma definição do filósofo cristão Boécio, a eternidade é "a posse completa e perfeita de uma vida ilimitada". Portanto, ela não é duração longa, mas a posse da plenitude do ser. Tudo o que é, é neste momento. Aí acaba o pensamento no tempo e espaço. Aí tocamos o ser por excelência. E o ser está além de todo o tempo. É o *esse* puro, precisamente o ser, em oposição ao *ens*, ao ente. A interpretação cristã da definição filosófica da eternidade, elaborada por Boécio, medita sobre o Deus eterno que irrompe em nosso tempo.

Neste livro, aprendemos repetidamente que, às vezes, conseguimos experimentar essa presença do ser, por exemplo, ao meditar em silêncio ou também ao sentar tranquilamente num banco à beira de um lago. Então, simplesmente estamos aí. Somos seres puros. Estamos livres da necessidade de nos justificar, de demonstrar algo, de ter que provar a nós mesmos. Simplesmente estamos aí, como expressou Angelus Silesius: "A rosa não tem porquê. Floresce porque floresce. Não cuida de si mesma. Nem pergunta se alguém a vê".

Nesse ser puro conhecemos a liberdade interior e, ao mesmo tempo, a presença pura. Não pensamos no passado nem no futuro. Estamos inteiramente neste instante singular. Nesse ser puro tomamos parte em Deus, que é o epítome do "*esse*" = "ser". E conhecemo-nos também como seres humanos de uma forma inteiramente nova. Não nos definimos a partir do que realizamos ou do que outros pensam de nós. Nesse momento, simplesmente somos. E simplesmente vivemos em harmonia com nós mesmos. Somos livres de todo controle externo, pois simplesmente vivemos. Aí o tempo para completamente, todas as cismas silenciam, há puro silêncio, ser puro. Aí renunciamos à multiplicidade de coisas e nos concentramos no essencial e singular. Tudo se torna transparente em vista do mistério que sempre nos envolve. Então, estamos "em concordância com o que é maravilhoso" (Peter Schellenbaum). E, aí, também estamos unidos com nossa essência mais íntima.

O meu objetivo com este livro é indicar como a arte de viver espiritualmente abre as atividades e coisas do cotidiano e as experiências de nossa vida para o maravilhoso, para Deus, o fundamento de todo o ser, e para o seu amor, que vem ao nosso encontro em tudo. Tempo livre, atenção e silêncio são características dessa arte de viver. A arte de viver espiritualmente é, em última instância, a maneira de possibilitar que tudo que vem ao nosso encontro na vida se torne transparente em vista desse fundamento mais profundo. Tudo o que faço se torna, então, uma atividade a partir da atitude atenta da abertura para o maravilhoso.

Referências

BERENDT, J.-E. *Das Dritte Ohr* -- Vom Hören der Welt. Reinbek: Rowohlt, 1985

DÜRCKHEIM, K.G. *Der Alltag als Übung* – Vom Weg zur Werwandlung. Berna: Huber, 2012

Einfach leben – Ein Brief von Anselm Grün. Friburgo: Herder 2006.

GRONEMEYER, M. *Das Leben als letzte Gelegenheit* – Sicherheitsbedürfnisse und Zeitknappheit. Darmstadt: WBG, 1993

HANH, T.C. *O milagre da atenção plena* – Uma introdução à prática da meditação. Petrópolis:Vozes, 2018.

LAUSTERM, J. *Die Verzauberung der Welt* – Eine Kulturgeschichte des Christentums. Munique: Beck, 2014.

PÔNTICO, E. *Praktikos – Über das Gebet*. Münsterschwarzach: Vier Portame, 1986

RICHÉ, P. "Die Spiritualität des keltischen und germanischen Kulturkreises". In: McGINN, B.; MEYENDORFF, J. & LECLERCQ, J. *Geschichte der christlichen Spiritualität* – Vol. 1: Von den Anfängen bis zum 12. Jahrhundert. Würzburg: Echter, 1993, p. 182-194.

SCHELLENBAUM, P. *Im Einverständnis mit dem Wunderbaren* – Was unser Leben trägt. Munique: DTV, 2000.

Índice

Sumário, 5

Tempo livre, atenção e silêncio como veredas para uma arte de viver espiritualmente – Introdução, 7

1 Tudo tem seu tempo, tudo tem seu lugar, 15
   Há tempo de iniciar e tempo de terminar, 16
   A alegria tem seu tempo – A tristeza também precisa do seu tempo, 18
   Rir e chorar têm o seu lugar na vida, 20
   Trabalhar e ser ativo têm o seu tempo, bem como o repouso e a contemplação, 22
   Há um tempo para o cotidiano e para a celebração de festas, 26
   O engajamento é importante, mas a serenidade também faz bem, 28
   Ser saudável é importante, mas também a doença é vida, 30
   O desfrute tem seu momento, bem como a renúncia, 31
   Os sentimentos negativos podem existir, mas eles não nos determinam, 34
   O sucesso tem seu momento e o fracasso faz parte da vida, 36
   Dar-se por satisfeito, mas também sempre confiar no anseio, 37
   É hora de se envolver, mas também é permitido estar cansado, 40
   Crer tem o seu tempo; as dúvidas também têm sentido, 41
   Tudo tem o seu tempo: celebrar a vida e aceitar a morte, 43

2 Tudo tem um significado – Do cotidiano como exercício de atenção, 45
  Uma promessa: o toque do despertador, 46
  Levantar-se e não deixar a vida passar, 48
  Renovado para o dia: lavar-se e banhar-se, 50
  Mais do que hábito e higiene: escovar os dentes, 52
  Vestir-se: um ato consciente, 53
  Café da manhã: começar o dia com toda a tranquilidade, 54
  Ler o jornal de forma diferente, 56
  Sereno no caminho para o trabalho, 57
  Dirigir um carro como campo de atuação espiritual, 58
  Entrar num lugar e estar atento às transições, 60
  Dar início ao trabalho: não tropeçar nele, 62
  Permanecer em uma questão: não vale protelar, 64
  Fazer uma pausa e ganhar tempo para mim, 66
  Como inclusive passar roupa se converte em meditação, 67
  Cozinhar com amor e sabor, 70
  A refeição: tempo conjunto para o essencial, 71
  Assar: imagem de transformação interior, 73
  Retornar ao lar, ao mundo que conheço, 74
  Ir dormir e esquecer o dia, 76

3 Do maravilhoso no óbvio – O que dá sentido à vida, 78
  Respirar no ritmo da vida, 79
  Andar pode se converter em exercício, 81
  Ficar de pé como uma postura consciente, 83
  Sentar-se: não se deixar ocupar, 85
  Comer e beber: atento e com prazer, 87
  Sentir o sabor: perceber e desfrutar o que é bom, 89
  Ler é viver, 90

Escutar com o ouvido do coração, 93
Ver: olhar o belo, ver mais profundamente, 97
Estar deitado: uma bênção, 100

4 O brilho das coisas – Um novo olhar para o habitual, 102
Sinos: matéria da terra, som de Deus, 103
Água: símbolo de renovação e fecundidade, 106
Vinho: dádiva do céu, sabor da terra, 110
Pão: trata-se da nossa vida, 112
Mesa: lugar da comunhão, lugar do sagrado, 117
Cadeira: experimentar a própria dignidade interior, 119
Poltrona: relaxar e repousar, 120
Armário: espaço para a ordem, 122
Livros: chave para o mistério da vida, 123
Vela: um amor que ilumina o coração, 126
Cruz: unidade de todos os opostos, 129
Anel: sinal de proteção e dignidade, 130
Pingente: expressão de uma esperança, 132
Relógio: do momento oportuno, 132
Porta: ligação e delimitação, 134
Fechadura e chave: o caminho leva à liberdade, 135

5 Do encanto da natureza – Integrado em algo maior, 137
Paisagens da alma e locais de energia, 138
Descobrir um oásis de quietude, 141
Mistério salutar da floresta, 144
A árvore: uma imagem de nós mesmos, 146
Caminhar: experimentar a liberdade interior, 148
Movimento que liberta, 150
Nas montanhas, o coração se amplia, 150

Montanhismo: ter o objetivo sempre em vista, 153
Flores: beleza que quer florescer em nós, 154
Pássaros: uma imagem de nossa alma, 158
Na neblina: envolto em sua proximidade, 159
A caminho na neve, 161
Imensidão e infinito: no mar, 162
Sol, lua e estrelas: grande, reverente admiração, 164

6 Da riqueza da relação – Em conexão com os outros, 167
Das nossas raízes, 168
Da solidão e da comunidade, 169
Do desconhecido e do conhecido, 171
Do próximo e do distante, 172
Do amor, 173
Da amizade, 175
Da autorrealização e da entrega, 176
Da compaixão e do amor-próprio, 178
Da conversa, 180
Do mundo e da pátria, 182
Do milagre da gratidão, 185

Estar presente; simplesmente viver – Final, 189

Referências, 193

CULTURAL

Administração
Antropologia
Biografias
Comunicação
Dinâmicas e Jogos
Ecologia e Meio Ambiente
Educação e Pedagogia
Filosofia
História
Letras e Literatura
Obras de referência
Política
Psicologia
Saúde e Nutrição
Serviço Social e Trabalho
Sociologia

CATEQUÉTICO PASTORAL

Catequese
- Geral
- Crisma
- Primeira Eucaristia

Pastoral
- Geral
- Sacramental
- Familiar
- Social
- Ensino Religioso Escolar

TEOLÓGICO ESPIRITUAL

Biografias
Devocionários
Espiritualidade e Mística
Espiritualidade Mariana
Franciscanismo
Autoconhecimento
Liturgia
Obras de referência
Sagrada Escritura e Livros Apócrifos

Teologia
- Bíblica
- Histórica
- Prática
- Sistemática

REVISTAS

Concilium
Estudos Bíblicos
Grande Sinal
REB (Revista Eclesiástica Brasileira)

VOZES NOBILIS

Uma linha editorial especial, com importantes autores, alto valor agregado e qualidade superior.

VOZES DE BOLSO

Obras clássicas de Ciências Humanas em formato de bolso.

PRODUTOS SAZONAIS

Folhinha do Sagrado Coração de Jesus
Calendário de mesa do Sagrado Coração de Jesus
Agenda do Sagrado Coração de Jesus
Almanaque Santo Antônio
Agendinha
Diário Vozes
Meditações para o dia a dia
Encontro diário com Deus
Guia Litúrgico

CADASTRE-SE
www.vozes.com.br

EDITORA VOZES LTDA.
Rua Frei Luís, 100 – Centro – Cep 25689-900 – Petrópolis, RJ
Tel.: (24) 2233-9000 – Fax: (24) 2231-4676 – E-mail: vendas@vozes.com.br

UNIDADES NO BRASIL: Belo Horizonte, MG – Brasília, DF – Campinas, SP – Cuiabá, MT
Curitiba, PR – Fortaleza, CE – Goiânia, GO – Juiz de Fora, MG
Manaus, AM – Petrópolis, RJ – Porto Alegre, RS – Recife, PE – Rio de Janeiro, RJ
Salvador, BA – São Paulo, SP